Live Fast. Eat Well.

POWERFOOD FÜR ALLE, DIE VIEL VORHABEN

Live Fast. Eat Well.

POWERFOOD FÜR ALLE, DIE VIEL VORHABEN

Rezepte, die zu deinem Leben passen –
gesund, einfach, schnell und köstlich

DENISE RENÉE SCHUSTER

Zucchinispaghetti

Brombeer-Mandel-Muffins

Rotes Linsencurry mit Hähnchen

Knuspriges Haferbrot

Quinoa-Erbsen-Risotto

Mocha-Smoothie

Rote-Bete-Dinkel-Salat

Knusprige Dukkah-Kichererbsen

Kartoffelsalat

Ohne Weizen und ohne raffinierten Industriezucker.

Vorwort

„Ich kann das nicht." „Ich habe keine Zeit." „Das schmeckt mir nicht." „Das ist zu teuer."

Es gibt so viele Ausreden. Ich kenne sie und sie sind alle nicht mehr als das: Ausreden. Keine Gründe. Keine Tatsachen. Der einzige Grund, der zählt: Ich weiß einfach nicht wie.

Und genau dafür ist dieses Buch da! Ich zeige dir, wie du es eben doch schaffst, dich gesund und gleichzeitig köstlich zu ernähren. Auch wenn dein Alltag fordernd ist und du viel vorhast. Ich zeige dir, wie du diese Ausreden loswirst und dich endlich so ernähren kannst, wie du es gern würdest. Trotz Zeitdruck, trotz unterwegs sein.

DU KANNST DAS

Meine Rezepte sind einfach und unkompliziert. Viele meiner Freunde und aus meiner Familie haben sie bereits nachgekocht und ich freue mich immer wieder darüber, wie gut sie damit klarkommen.

DU HAST DIE ZEIT

Ich zeige dir in diesem Buch, wie du nicht nur Zeit für gutes Essen findest, sondern im Alltag sogar noch zusätzlich Zeit einsparst.

ES SCHMECKT SOOO GUT

Ich habe herausgefunden, dass es für alle Rezepte eine gesündere Alternative gibt – auch für Schokokuchen, Pancakes, Pommes und Pasta. Diese Alternativen schmecken so viel besser, dass du keinen Gedanken mehr an fertiges Fast Food verschwenden wirst.

ES IST BEZAHLBAR

Wenn du mit natürlichen und frischen Zutaten kochst, statt fertige, industriell verarbeitete Produkte zu kaufen, sparst du Geld. Natürlich sind einige Zutaten in der einmaligen Anschaffung teurer, aber auch sehr ergiebig.

ZU DEN REZEPTEN

Meine Rezepte folgen keinem Ernährungstrend, sondern halten sich an die modernsten Erkenntnisse über unsere Ernährung. Die meisten Rezepte sind glutenfrei und alle grundsätzlich weizenfrei.

Weißer Zucker kommt in meinen Rezepten nicht vor, ich verwende ausschließlich natürliche Süßungsmittel und auch mit denen gehe ich sparsam um. Fleisch und Fisch verwende ich nur in bester Qualität aus artgerechter Haltung.

Meine Rezepte kannst du ganz einfach auf deine persönliche Situation anpassen. Verträgst du zum Beispiel keine Milchprodukte, kannst du statt Joghurt immer Sojajoghurt verwenden. Wer sich vegetarisch oder vegan ernährt, ersetzt Fisch oder Fleisch einfach durch Tofu oder lässt diese Zutaten weg.

Die Rezepte in diesem Buch sind, falls nicht anders vermerkt, für 2 Portionen angegeben. Sie lassen sich also entweder zu zweit genießen oder bereits für den nächsten Tag vorkochen.

Nicht zuletzt möchte ich erfahren, wie ich dir mit diesem Buch im Alltag tatsächlich helfen konnte. Teile auf Instagram deine Erlebnisse mit #livefasteatwell #lfew #foodlovin!

Es gibt so viele Ausreden.
Ich kenne sie und sie sind nicht
mehr als das: Ausreden.

Wie der Tag

25 STUNDEN BEKOMMT

Zeit ist der ultimative Luxus. Wir alle wünschen uns mehr davon. „Ich habe dafür keine Zeit." ist die häufigste Ausrede, warum es mit einer gesunden Ernährung nicht klappt. Warum der innige Wunsch, endlich gesund und frisch zu kochen, immer wieder verworfen wird. Doch wenn du ganz ehrlich mit dir bist: Hast du wirklich keine Zeit? Oder verbringst du deine Zeit am Smartphone? Damit, durch das Netflix-Programm zu blättern oder Ausreden dafür zu suchen, warum du keine Zeit hast? Alles um uns herum passiert wahnsinnig schnell, aber vergiss nicht: Du hast deine Zeit selbst in der Hand!

Diese Eigenverantwortung ist einerseits ein wunderbares Geschenk. Andererseits eine große Verantwortung, weil am Ende des Tages du und nur du dafür verantwortlich bist. Natürlich gibt es vieles um dich herum, was Zeit und Aufmerksamkeit verlangt: Job, Freunde, Familie, Hobbys ... Da kann es schnell passieren, dass du den Überblick verlierst und nicht mehr weißt, wie da noch deine Wunschernährung reinpassen soll.

Mein Mantra: Nur wenn es mir selbst gut geht, kann ich mich auch um Familie, Freunde, Job und Hobbys – kurz: um mein ganzes Leben – so kümmern, wie sie es verdienen und wie ich es mir wünsche. Und damit es mir gut geht, steht eine gesunde Ernährung an erster Stelle.

Ich verrate dir meine zehn persönlichen Tipps, wie dir ein besseres Zeitmanagement bei gesunder Ernährung helfen kann. Wenn es dir gelingt, im Laufe eines Tages 30 bis 60 Minuten einzusparen, hast du auf einmal Zeit, gesund zu kochen, etwas vorzubereiten und dir Zeit zum entspannten Essen zu nehmen. Um dich dann wieder voller Energie und gut gelaunt dem Rest des Tages zu widmen. Klingt das nicht toll!?!

1. LERNE, WICHTIGES VON UNWICHTIGEM ZU TRENNEN!

Wir leben in einer ständigen Reizüberflutung, sind immer erreichbar, werden von allen Seiten mit Informationen überflutet. Ständig möchte etwas oder jemand deine Aufmerksamkeit. Dabei ist es wichtig, dass du lernst zu unterscheiden, ob etwas wichtig oder unwichtig ist. Handelt es sich um etwas, was deine Aufmerksamkeit wirklich braucht und verdient? Das sind zum Beispiel dein Beruf, deine Familie, das Haustier, die beste Freundin. Dein Hobby, das du liebst, oder der Sport, der dir mentalen Ausgleich gibt und dich fit hält. Und natürlich dein eigenes Wohlbefinden und deine Ernährung.

Was deine Aufmerksamkeit nicht verdient, sind Aufmerksamkeitsfresser wie zielloses Scrollen auf Instagram oder das zehnte Katzenvideo auf YouTube (auch wenn es unglaublich süß ist). Oder aber auch Hobbys und Freundschaften, die du nur aus Pflichtgefühl weiter wahrnimmst, die dir aber nicht

Ich verrate dir meine zehn persönlichen Tipps, wie dir ein besseres Zeitmanagement bei gesunder Ernährung helfen kann.

guttun. Das Gleiche gilt für Online-Magazine, Blogs, Websites und, und, und. So interessant es auch ist, den Artikel über Probleme von Millennials, hin und wieder ein bisschen Klatsch oder fünf Rezensionen über den neuen Kinofilm zu lesen – wirklich weiter bringt uns das nicht. Du musst auch nicht jede Mail und jede Textnachricht sofort beantworten. Du musst nicht sofort springen, wenn irgendetwas oder irgendjemand deine Aufmerksamkeit verlangt. Am Ende des Tages fragst du dich nur, wo die Zeit hin ist. Und wie du dir jetzt noch etwas Gesundes zu essen zubereiten sollst.

Lege fest, was wichtig für dich ist und was nicht! Lerne, Nein zu sagen, und genieße diese wunderbare neu gewonnene Zeit! Vielleicht mit einem köstlichen, frischen Quinoa-Salat oder einer selbst gemachten süßen Vanille-Erdnuss-Kugel?

2. KAUFE CLEVER EIN!

Wer fünfmal die Woche nur die Zutaten einkauft, die genau an diesem Tag benötigt werden, muss sich fünfmal auf den Weg machen, fünfmal die Supermarktgänge durchlaufen und sich fünfmal an der Kasse anstellen (und greift dabei vielleicht auch fünfmal zum Schokoriegel, der an der Kasse lockt). Beim Einkaufen lässt sich so viel Zeit einsparen! Wie das geht, erkläre ich dir ab Seite 36 („Organisation ist alles“).

3. NUTZE JEDE MINUTE!

Oft verbringen wir Zeit mit Dingen, die zwar unsere Anwesenheit erfordern, aber keine geistige Anstrengung. Dazu gehören zum Beispiel Bahnfahrten, Autofahrten (als Beifahrer, wohlgemerkt), Wartezeiten, Joggingrunden oder auch Aufräumen und Putzen. Diese Zeit lässt sich nutzen, indem du währenddessen einen lehrreichen Podcast hörst. Oder dir einfach das Buch, das du schon so lange lesen wolltest, als Audio Book anhörst. Oder lernst, wie du während einer Bahn- oder Autofahrt meditierst, um danach frisch und konzentriert am Ziel anzukommen.

4. PLANE DEINE MAHLZEITEN!

Trage in stressigen Phasen deine Mahlzeiten in den Kalender auf dem Laptop ein (mit iCal oder Google Kalender funktioniert das super). Zum einen wirst du so rechtzeitig daran erinnert, dir etwas Gutes zu essen zu besorgen. Zum anderen kann man diesen Plan wunderbar kopieren und an anderer Stelle wieder einfügen. Einmal aufgestellt, kannst du den Plan so beliebig wiederholen. Mehr zum Thema „Meal Plan“ erkläre ich ab Seite 36 („Organisation ist alles“).

5. HOLE DIR DIGITALE HILFE!

Die meisten Smartphones können dir anzeigen, wie viel Zeit du am Tag auf Instagram, YouTube, Facebook und Co. verbringst. Die

Bilanz ist oft erschreckend. Da lässt sich locker eine Stunde am Tag rausholen.

Aber nicht jede App ist ein Zeitfresser. Es gibt sehr gute Apps, die dir bei deinem Zeitmanagement helfen können. Ich bin kein Fan von absoluter Überoptimierung durch Apps. Aber wenn du das Gefühl hast, den Überblick zu verlieren, und deine handgeschriebene To-do-Liste gern mal irgendwo liegen lässt (so wie ich), hast du mit solchen Apps immer einen Überblick. Hier ein paar Beispiele, wo du Einkaufslisten, Notizen und vieles mehr speichern kannst. Und so den Kopf für andere Dinge frei hast.

Evernote Ein digitaler Assistent. In Evernote kannst du alles sammeln, was du nicht vergessen möchtest. Notizen, Ideen, Fotos, Rezepte oder To dos.

Wunderlist Eine digitale Liste, in der du fast alles aufschreiben kannst – ob Einkaufsliste, To dos oder Ideen für den nächsten Urlaub.

Todoist Ebenfalls ein Tool für eine digitale To-do-Liste, die sich übersichtlich nach Deadlines und Prioritäten organisieren lässt.

Trello Eigentlich ein Projektmanagement-Tool, das sich aber wunderbar für jeden Bereich des Lebens einsetzen lässt. Ob Partyplanung, Urlaubsplanung oder Umzug. Mehrere Personen können gleichzeitig an einem Projekt arbeiten, Deadlines können gesetzt und Aufgaben verteilt werden. Warum nicht auch für einen Rezept-Wochenplan?

6. KEINE ANGST VORM OUTSOURCEN!

Der einfachste Trick, wie du eine Extrastunde pro Tag gewinnen kannst? Gib Aufgaben ab, die viel Zeit kosten, die du nicht gern erledigst und die jemand anderes übernehmen kann. Manchmal muss man dafür zahlen, manchmal kostet es aber auch nur die Überwindung, jemanden um Hilfe zu bitten.

Wie du rausfindest, was du am besten outsourcst? Mache zuerst eine Liste mit allen Aktivitäten, die du regelmäßig erledigen musst, zum Beispiel putzen, mit dem Hund Gassi gehen, Rechnungen schreiben, einkaufen, den Garten pflegen. Jetzt überlege, welche Tätigkeiten jemand anderes übernehmen könnte und welche du wirklich selbst erledigen musst. Welche du vielleicht an Familienmitglieder abgeben kannst und für welche du externe Hilfe anstellen musst.

Wir denken oft, dass wir unentbehrlich sind und uns um alles selbst kümmern müssen. Mach dich davon frei und du gewinnst viel Lebenszeit und -qualität!

7. SCHLUSS MIT MULTITASKING!

„Eines nach dem anderen!" Das ist ein altes Sprichwort, in dem viel Wahres liegt. Vor einiger Zeit war Multitasking DIE Eigenschaft, die man als erfolgreicher und produktiver Mensch haben musste. Sie wurde sogar in Stellenausschreibungen gefordert. Die Behauptung, man könne locker mehrere Dinge gleichzeitig erledigen, galt als bewundernswert. Und irgendjemand hat das Gerücht in die Welt gesetzt, dass vor allem Frauen diese Fähigkeit besitzen.

Guess what: Mittlerweile hat man herausgefunden und die Erfahrung gemacht, dass Multitasking nicht funktioniert. Weder bei Frau noch bei Mann. Wenn du ständig von Aufgabe zu Aufgabe und von einem Thema zum anderen springst, lässt deine Konzentration schneller nach und dein Stresspegel steigt. Vielleicht geht es dir auch so: Wenn ich zu viele Dinge gleichzeitig erledigen möchte, denke ich immer an einen Computerbildschirm mit 50 verschiedenen Fenstern. Überall läuft ein Arbeitsprozess, die Speicherkapazität reicht nicht aus, dann stürzt der Computer ab und nichts geht mehr. Das ist ein hervorragender Vergleich dafür, wie es in deinem Kopf beim Multitasking aussieht.

Wenn du stattdessen eine Aufgabe nach der nächsten erledigst, dich währenddessen aber voll und ganz darauf konzentrierst, wirst du von deiner eigenen Produktivität überrascht sein.

8. SCHLUSS MIT PERFEKTIONISMUS!

Kennst du die 80:20-Regel, das Pareto-Prinzip? Eine herrliche Verteilung, die sich auf fast alles im Leben anwenden lässt. In seinem Ursprung bedeutet es: 80 Prozent der Ergebnisse können mit 20 Prozent des Aufwands erreicht werden. Die restlichen 20 Prozent der Ergebnisse erfordern mit 80 Prozent des Aufwands die meiste Arbeit.

Genau hier musst du dich fragen: Sind die restlichen 20 Prozent es wert, dass ich dafür weitere Zeit investiere? Perfektionisten wollen immer 100 Prozent. Mindestens. Lieber 110 Prozent. Ich weiß, wovon ich rede. In der Realität sind 80 Prozent jedoch meist völlig ausreichend! Dafür gibt es genug Beispiele:

- Im Alltag: Die Wohnung muss nicht in allen Ecken zu 100 Prozent perfekt aussehen.
- Im Studium: 80 Prozent des Lernstoffs zu beherrschen, reicht vollkommen aus, um eine gute Note zu bekommen. Keine 1,0, denn um die zu erreichen, müssten die letzten 20 Prozent mit sehr viel mehr Zeit hart erarbeitet werden.
- Im Beruf: Die PowerPoint-Präsentation ist auch zu 80 Prozent schon ziemlich gut und inhaltlich komplett. Die restlichen 20 wären Schönheitsreparaturen, die für den

Perfektionismus bremst dich aus, frisst Zeit und macht unzufrieden.

Inhalt nicht relevant sind, aber jede Menge Zeit fressen.

- Und nicht zuletzt in der Ernährung: Wenn 80 Prozent deiner Ernährung aus frischen und nahrhaften Zutaten bestehen, dürfen 20 Prozent auch mal vom perfekten Ernährungsplan abweichen.

Perfektionismus bremst dich aus, frisst Zeit und macht unzufrieden. Ein Learning, für das ich selbst sehr lange gebraucht habe und das dir diesen Weg hoffentlich etwas erleichtern kann.

9. EFFIZIENT SPORTELN!

Oft fällt Sport als Erstes hinten über, wenn die Zeit knapp wird. Er ist aber ein Schlüssel zu Ausgeglichenheit sowie körperlicher und geistiger Gesundheit. Statt ihn zu streichen, solltest du überlegen, wie du deine Einheiten effizienter gestalten kannst. Es ist überhaupt nicht nötig, eine Stunde zu joggen oder 90-minütige Kurse im Fitnessstudio zu belegen. Eine kurze und knackige Sporteinheit kannst du wirklich jederzeit und überall durchziehen. Zum Beispiel mit HIIT, dem hochintensiven Intervalltraining. Das beinhaltet kurze und intensive Sporteinheiten, die überall durchgeführt werden können. Es gibt zahlreiche YouTube-Videos und Apps wie Sweat oder Freeletics, die Spaß machen und richtig gute Ergebnisse bringen. No excuses!

10. DAS RICHTIGE MINDSET!

Selbstwahrnehmung und Achtsamkeit sind Gebiete, die aktuell sehr gefragt sind. Ich gehe hier nicht weiter darauf ein, aber möchte dir Folgendes mit auf den Weg geben: Deine Einstellung, also dein Mindset, ist die Grundlage dafür, ob du es schaffst, dich in deinem Alltag gesund zu ernähren oder nicht. Ich habe es selbst schon bei meinen Freunden gesehen. Sie behaupten, sich endlich besser und gesünder ernähren zu wollen, aber dann sei da der Job, der Hund, das Kind, diese und jene Verpflichtung. Alle Vorhaben rund um das Thema „Ernährung“ werden über Bord geworfen, weil plötzlich alles andere wichtiger erscheint. Diese Einstellung wird immer wieder dazu führen, dass du dich selbst und dein Wohlbefinden zurückstellst und zum schnellen Teilchen vom Bäcker, zur Tiefkühlpizza oder zum Schokoriegel greifst.

Wenn du die vorherigen neun Punkte verinnerlichst, wird dir das nicht mehr passieren. Wenn du ab jetzt für dich selbst festlegst, dass gesunde Ernährung einen absolut wichtigen und hohen Wert in deinem Leben hat, dann ist das eben so. Und mit der Zeit wird das zu einer Selbstverständlichkeit, die du gar nicht mehr infrage stellst.

Kleine Tricks

ZUM ZEITSPAREN

Jetzt weißt du bereits, wie du aus einem Tag mehr Zeit herausholen kannst. Wenn du den einen oder anderen Tipp umsetzt, hast du in der Summe sicher eine Stunde pro Tag gewonnen, die du deiner Ernährung, deiner Gesundheit, deinem Wohlbefinden widmen kannst. Wie schön! Jetzt minimieren wir noch die Zeit, die du mit dem Zubereiten von gesundem Essen verbringst, und holen das Bestmögliche, also das leckerste und frischeste Essen, aus dieser Zeit heraus.

Wer viel vorhat, möchte nicht zu viel Zeit in der Küche verbringen. Und genau hier liegt das Dilemma, mit dem viele von uns zu kämpfen haben: Wir leben ein anspruchsvolles Leben, für das unser Körper bestens versorgt sein will, um fit zu bleiben. Aber oft haben wir gar nicht die Zeit, unserem Körper das zu geben, was er braucht. Was für eine Zwickmühle! Wie kommen wir da raus?

Es gibt zwei Möglichkeiten: Wir könnten jetzt unser Leben komplett ändern und jeden Tag sehr viel Zeit in der Küche verbringen. Wir richten alles darauf aus, uns perfekt zu ernähren. Kann man machen. Dabei bleiben aber andere Aktivitäten wie Zeit mit Freunden und der Familie oder der Beruf und Hobbys auf der Strecke.

Oder wir suchen uns ein paar geniale Tricks, die unglaublich viel Zeit beim Zubereiten und Kochen sparen und uns dabei helfen, mit unserer begrenzten Zeit ein köstliches und gesundes Essen zuzubereiten. Wir minimieren also den Aufwand und erreichen damit endlich unser Ziel, uns jeden Tag gesund und frisch zu ernähren. Und das ganz ohne Abstriche an anderer Stelle.

KLEINE TRICKS, GROSSE ZEITERSPARNIS

Lerne Blitzzutaten kennen Für viele Zutaten gibt es eine schnellere Alternative. Süßkartoffeln garen zum Beispiel schneller als normale Kartoffeln. Beim Hokkaido-Kürbis entfällt das Schälen, bei grünem Spargel ebenfalls. Rührei geht schneller als ein gekochtes Ei und auch bei Reis hast du die Wahl zwischen vorgekochtem (8–10 Minuten) und losem Reis (30 Minuten).

Kleiner = schneller Simpel, aber effizient: Je kleiner Gemüse geschnitten wird, desto schneller ist es gar. Gerade bei harten Gemüsesorten wie Kartoffeln, Möhren, Kohlrabi und Süßkartoffeln sparst du die Hälfte der Kochzeit.

Gemüseschnippeln ist übrigens kein Schönheitswettbewerb. Es macht nichts, wenn nicht jede Kante deines Kohlrabiwürfels gleich lang und akkurat geschnitten ist.

Einheizen mit Natron Hülsenfrüchten kann man Feuer unterm Deckel machen. Gibst du beim Kochen von Hülsenfrüchten etwas Natron dazu, reduziert sich die Kochzeit um die Hälfte. Dafür solltest du Linsen niemals vor dem Kochen salzen! Dann brauchen sie ewig.

Kleine Tricks, große Zeitersparnis.

Übrigens: Rote oder gelbe Linsen garen dreimal so schnell wie Tellerlinsen, Berglinsen oder Pardinalinsen.

Zeit und Energie sparen Der Ofen muss nicht immer vorgeheizt werden. Geröstetes Gemüse oder Fisch kann schon in den Ofen, bevor er die Zieltemperatur erreicht hat (Achtung, bei Kuchen funktioniert das nicht!).

Wasser vorkochen Wenn du für Gemüse oder Hülsenfrüchte größere Mengen Wasser benötigst, koche es im Wasserkocher vor und gib es erst dann in den Topf. Das geht dreimal so schnell. Und wenn das Wasser einmal im Kochtopf ist: Deckel drauf! So bleibt die Hitze auch im Topf.

Kochgeschirr mit Bedacht einsetzen Spare Geschirr, indem du Gemüse in der Reihenfolge seiner Garzeit in einen Topf mit kochendem Wasser schmeißt (das Gemüse mit der längsten Garzeit zuerst).

Die richtige Ausstattung Die richtigen Küchengeräte ersparen dir eine Menge Zeit. Möhren für einen Salat kannst du zum Beispiel in wenigen Sekunden im Mixer hacken, mit einer Mandoline zerlegst du eine ganze Gurke in weniger als einer Minute in hauchdünne Scheiben. Darauf gehe ich ab Seite 35 („Praktische Helfer in der Küche“) genauer ein.

Sei kreativ Rezepte sind Anleitungen, keine Gesetze! Zutaten in Salaten und Gemüsepfannen, sogar die meisten Mehlsorten und Eier lassen sich ersetzen, wenn mal etwas fehlt. Milch oder Nussdrinks lassen sich immer austauschen. Aus dem Himbeerkuchen wird ein Blaubeerkuchen, statt Spinat kann auch Feldsalat in den grünen Smoothie. Auch so lässt sich Zeit und Geld sparen, bevor du losziehst und etwas Neues kaufst.

Die Summe macht's
Wenn du mehrere dieser kleinen Tipps umsetzt, wirst du merken, was es ausmacht! Je routinierter du wirst, desto mehr Zeit setzt du frei – zum entspannten Essen, für Sport, Freizeit ...

Mise en place Bevor es ans Kochen geht, werden alle benötigten Zutaten und Geräte bereitgestellt. Gemüse ist eventuell schon geschält, Tiefkühlprodukte sind bereits aufgetaut. Dadurch kommt während des Kochens kein Stress auf, weil die Reibe plötzlich nicht aufzufinden ist oder der Pfeffer fehlt. Probiere es aus, du wirst dich richtig souverän und routiniert damit fühlen!

Multitasking beim Kochen Ich habe eben noch erzählt, dass Multitasking nicht funktioniert. Nun, das Kochen ist eine Ausnahme. Wenn du hier alles nacheinander machst, dauert es ewig! In der Küche solltest du so viel wie möglich parallel laufen lassen. Während der Reis kocht, schnippelst du Gemüse, während

das kocht, reinigst du schon mal das Schneidebrett, während alles gart, wird aufgeräumt.

Ordnung in der Küche Die besten Tipps bringen nichts, wenn in der Küche Chaos herrscht. Nicht ohne Grund sind Profiköche so perfekt organisiert. Da lohnt es sich, ein paar Tricks und Handgriffe abzuschauen. Achte darauf, alles, was nicht gebraucht wird, sofort wieder wegzuräumen.

Aufräumen und putzen Sammle Küchenabfälle beim Kochen in einer Schüssel. Statt ständig den Müll öffnen und schließen zu müssen, kommt einfach alles zusammen und wird zum Schluss entsorgt. Ich versuche außerdem immer, die Küche noch während des Kochens wieder in ihren Ursprungszustand zu versetzen. Benutzte Küchengeräte und Helfer werden sofort gereinigt und wieder an ihren Platz gestellt, Schneidebretter verstaut, Messer in den Messerblock gesteckt. Ich mache das meistens während der Garzeit.

Vor dem Essen Stelle noch vor dem Essen Töpfe oder Pfannen in die Spüle, gib Wasser hinein und wische möglichst sogar einmal durch. Das geht schneller, wenn noch nichts angetrocknet ist. Zeitaufwand: 30 Sekunden. Und das Gefühl, nach dem Essen nicht mehr aufräumen zu müssen, ist unbezahlbar.

Den ganzen Tag fit

DIE GRUNDLAGEN EINER GUTEN ERNÄHRUNG

Wir übersehen schnell, was für einen enormen Effekt Essen auf unser Leben hat. Was wir essen, kann nicht nur unseren Körper und dessen physische Gesundheit beeinflussen. Unsere Stimmung, unser Energielevel, unsere Motivation und unsere psychische Gesundheit hängen ebenso direkt mit dem, was wir essen, zusammen. Die Lebensmittel, die wir zu uns nehmen, haben einen direkten Einfluss darauf, wie fit und leistungsfähig wir uns fühlen.

Seit ich meine Ernährung vor vielen Jahren umgestellt habe, bin ich fitter, wacher und leistungsfähiger. Ich glaube, ohne diese Veränderung wäre ich heute nicht da, wo ich bin. Ich wäre etwas träge, hätte sicher ein paar Kilos zu viel auf den Hüften und würde all das wahrscheinlich auf die Zeit schieben.

Stattdessen bin ich so fit wie noch nie in meinem Leben, kann seit vielen Jahren keine körperlichen Verschlechterungen feststellen und habe Energie für zwei. Neue Projekte packe ich mit Begeisterung an und Lethargie ist mir fremd. Das war wirklich nicht immer so!

Ich kenne das klassische Nachmittagstief, die Müdigkeit nach dem Mittagessen und das Verlangen nach etwas Süßem in diesen Momenten nur zu gut. Das Gefühl, nach der Arbeit nur noch auf der Couch liegen zu wollen und morgens auch nach ausreichend Schlaf einfach nicht aus dem Bett zu kommen.

Ich bin davon überzeugt, dass der Schlüssel für all das in der Ernährung und Bewegung liegt. Nicht nur der Körper, auch der Geist profitiert von einer ausgewogenen, gesunden Ernährung. Konzentrationsvermögen, geistige Fitness und allgemeine Zufriedenheit sind direkt abhängig von dem, was wir essen.

Für Menschen, die viele Aufgaben haben, viel unternehmen, viel arbeiten, ihr Leben einfach in allen Bereichen voll auskosten, ist gesunde Ernährung schlichtweg der Schlüssel zu langfristigem Erfolg.

Es gibt so viele Vorteile, dass für mich heute ganz außer Frage steht, mich gesund zu ernähren. Mal ganz davon abgesehen, dass es auch noch unglaublich gut schmeckt! Ich musste nur einen Weg finden, diese Ernährung auch in meinem stressigen Alltag umsetzen zu können.

WAS BRAUCHST DU, UM DICH GUT UND STARK ZU FÜHLEN?

Wie schon gesagt: Wir übersehen nur zu oft, welchen Einfluss unsere Nahrung auf unser Wohlbefinden hat. Wenn ich heute irgendwo ein Problemchen bemerke, sei es an meiner Haut, sei es Müdigkeit oder Schlappheit, überlege ich zunächst, ob ich mich anders ernährt habe als sonst. Meist findet sich schnell ein Zusammenhang und ich weiß, was ich in Zukunft besser vermeide oder anders mache. Im Austausch mit meinen Blog-Lesern wurde mir klar, dass viele gar nicht wissen, was ihnen guttut. Verschiedene Ernährungstrends, Diät-Hypes oder Gesundheitsgurus sorgen für

Eine abwechslungsreiche und bunte Ernährung: „Eat the Rainbow!“

mehr Verwirrung als Klarheit. Oft fehlen einfach das Wissen und die Erfahrung, um klar entscheiden zu können: Das ist gut für mich.

Natürlich ist jeder Mensch sehr individuell, je nach Alter, Lebenssituation, Fitness und Erfahrungen. Gerade beim Essen haben wir unseren eigenen Geschmack, vielleicht auch Unverträglichkeiten. Tatsächlich gibt es keine einheitliche Lösung für alle, dafür sind wir Menschen zu unterschiedlich. Dennoch existieren ein paar Grundregeln, die dabei helfen, den ganzen Tag fit zu bleiben:

5 GRUNDREGELN FÜR EINE GESUNDE ERNÄHRUNG

1. Nährstoffe sind wichtiger als Kalorien! Gerade bei hoher Belastung und Stress benötigt der Körper nicht einfach nur Energie in Form von irgendwelchen Kalorien. Was er vor allem braucht, sind Nährstoffe. Dazu gehören die drei Makronährstoffe Eiweiß, Fett und Kohlenhydrate sowie Mikronährstoffe wie Vitamine und Mineralstoffe. Sie sind es, auf die du bei deiner Ernährung achten solltest, um im Alltag fit und energievoll zu bleiben.

2. Abwechslung ist der Schlüssel! Die sicherste Methode, um eine optimale Versorgung mit genau diesen Nährstoffen zu erreichen, ist eine abwechslungsreiche und bunte Ernährung. „Eat the Rainbow!“ Klingt gut, oder? Genau darin besteht bei einem stressigen Lebensstil die Herausforderung.

3. Natürliche Lebensmittel sind der Weg! Der beste Weg, abwechslungsreich zu essen und damit deinen Nährstoffbedarf zu decken, sind natürliche, unverarbeitete Lebensmittel. Das sind Gemüse, Obst, Hülsenfrüchte, Nüsse, Samen sowie tierische Produkte wie Eier, Milchprodukte, Fisch und Fleisch. Nichts, was eine lange Liste an Zutaten hat, nichts, was nicht wie ein natürliches Lebensmittel aussieht. Du hast vielleicht schon von Clean Eating gehört. Genau das ist die einfachste und natürlichste Art zu essen.

4. Ausreichend Ballaststoffe müssen sein! Die meisten von uns essen viel zu wenig davon. Es handelt sich um Kohlenhydrate, die aber nicht als Zucker verstoffwechselt werden. Sie sind wichtig, um unsere Verdauung am Laufen zu halten. Sie helfen dem Darm dabei, Nährstoffe besser aufzunehmen, und machen uns nachhaltig satt. Ballaststoffe stecken in Vollkornprodukten wie Haferflocken, in Leinsamen und Sonnenblumenkernen, aber auch in Obst und Gemüse wie Äpfel (mit Schale!), Möhren, Beeren und Kohl sowie in Hülsenfrüchten.

5. Täglich genug trinken! So banal, aber ohne genug Flüssigkeit funktioniert unser Körper einfach nicht. 50 ml pro Kilogramm Körpergewicht sind ein guter Richtwert für eine ausreichende Trinkmenge. Am besten startest du schon morgens mit einem großen Glas Wasser in den Tag.

Wenn du abends auf eine ausreichende Eiweißmenge achtest, bekommst du keinen Heißhunger auf Süßes nach dem Abendessen.

DIE IDEALE NÄHRSTOFFVERTEILUNG

Der ultimative Weg, um den ganzen Tag fit und satt zu bleiben, ist eine ausgewogene Zusammenstellung deiner Mahlzeiten.

Eine ausgewogene Mahlzeit enthält alle drei Makronährstoffe:

- Komplexe Kohlenhydrate
- Genug Eiweiß
- Gesunde Fette

Je nach persönlicher Präferenz und Situation benötigt jeder diese drei Makronährstoffe in unterschiedlichem Mengenverhältnis. Ich habe festgestellt, dass mir eine Aufteilung in 40 Prozent komplexe Kohlenhydrate, 30 Prozent Eiweiß (mehr pflanzliches als tierisches Eiweiß) und 30 Prozent hochwertige ungesättigte Fette guttut. Dazu muss ich aber sagen, dass ich viel Sport mache und jemand, der weniger Sport treibt, vermutlich nicht so viel Eiweiß braucht. Welches Mengenverhältnis dir guttut, erfährst du am besten durch Ausprobieren.

Wenn dich das Thema interessiert, findest du online verschiedene Rechner, die dir bei der Berechnung deines individuellen Mengenverhältnisses helfen.

Ein ausgewogenes Frühstück kann zum Beispiel aus einer Scheibe Quinoa-Haferbrot (Kohlenhydrate) mit Kurkumaquark (Eiweiß) und etwas Avocado (gesunde Fette) bestehen. Oder aus Porridge (Kohlenhydrate) mit einem Löffel Beerenquark (Eiweiß) und Nüssen (gesunde Fette).

Mittags geben komplexe Kohlenhydrate aus Quinoa, Linsen, Süßkartoffeln oder Kichererbsen Energie für die zweite Tageshälfte. Um danach nicht in ein Nachmittagstief zu fallen, solltest du sie immer mit etwas Eiweiß, zum Beispiel gebratenem Hühnchen oder Tofu, und Fetten wie Olivenöl oder Nüssen kombinieren. So bleibst du länger satt.

Abends darf die Kohlenhydratmenge ruhig niedriger sein und die Mahlzeit leichter ausfallen. Denn was soll der Körper dann noch mit der Energie anfangen? Er will schlafen, sich erholen und regenerieren. Das kann er nicht, wenn er verdauen muss. Wer kurz vor dem Schlafengehen noch schwer isst, wacht morgens müde und erschlagen auf. Auch Rohkost am Abend sollte man lieber meiden. Rohes Obst und Gemüse kann schwer im Magen liegen.

Wenn du abends auf eine ausreichende Eiweißmenge achtest, zum Beispiel aus Eiern, Tofu oder Fisch, und genügend gesunde Fette integrierst, wirst du nach dem Abendessen auch keinen Heißhunger auf Süßes mehr bekommen.

APROPOS HEISSHUNGER …

Der gefürchtete Heißhunger kann verschiedene Gründe haben. Bevor du ihm nachgibst,

frage dich am besten kurz: Bin ich gerade wirklich hungrig? Oder ist es eine Gewohnheit, weil du zum Beispiel schon immer um 4 Uhr nachmittags einen Snack gegessen hast? Hast du echten Hunger, weil du vielleicht das Mittagessen hast ausfallen lassen? Oder erlebst du gerade den typischen Zucker-Crash, nachdem du zuletzt sehr kohlenhydratreich gegessen hast?

Wenn du tatsächlich hungrig bist, spricht natürlich nichts gegen einen Snack! Aber was ist der richtige Snack zwischen zwei Mahlzeiten? „Wenn du Heißhunger hast, iss einen Apfel oder eine Handvoll Nüsse oder trinke ein Glas Wasser." Wie oft haben wir das schon gehört? Funktioniert es? Nein!

Das liegt daran, dass man in diesem Fall nur Kohlenhydrate (ein Apfel) oder nur Fett (eine Handvoll Nüsse) zu sich nimmt. Der Trick liegt darin, auch hier alle drei Makronährstoffe zu kombinieren. Wenn du also bei einer Heißhungerattacke zum Apfel greifen willst, knabbere noch ein paar Nüsse für gesunde Fette und Eiweiß dazu (oder tunke Apfelspalten in Mandelmus, yum!).

Wenn du nachmittags oder nach dem Essen Lust auf etwas Süßes hast, bereite dir einen Quark oder Naturjoghurt mit Nüssen und Obst zu. So garantierst du, dass dein Körper mit allen Nährstoffen versorgt wird und nicht eine halbe Stunde später wieder nach Nahrung ruft.

WAS HAT DER INSULINSPIEGEL DAMIT ZU TUN …

Der beste Weg ist, es den Tag über gar nicht erst zu Heißhunger kommen zu lassen. Das gelingt, indem du deinen Insulinspiegel konstant hältst. Heutzutage ist die Insulinempfindlichkeit vieler Menschen gestört und der Blutzucker fährt Achterbahn.

Insulin ist ein lebenswichtiges Hormon, das den Blutzuckerspiegel senkt. Das macht es, indem es Fett- und Muskelzellen öffnet und in der Nahrung enthaltene Glukose (auch Einfachzucker genannt) darin speichert. Fett- und Muskelzellen werden mit Zucker gefüttert, unser Blutzuckerspiegel fällt ab. Die plötzliche Unterzuckerung löst in unserem Gehirn ein Warnsignal aus, es schreit förmlich nach Zuckernachschub – wir greifen zu schnell verwertbaren Kohlenhydraten wie einem Schokoriegel und der Teufelskreis geht von vorn los.

Das Resultat: Ein ständiges Auf und Ab des Blutzuckerspiegels und eine viel zu hohe Insulinausschüttung. Aber nicht nur das, wir werden regelrecht immun gegen Insulin. Unser Körper muss immer mehr davon ausschütten, immer mehr Glukose wird in den Fettzellen gespeichert. Nicht zuletzt hemmt Insulin die Fettverbrennung und wir nehmen weiter zu.

Crash-Kurs Kohlenhydrate

... UND WIE KÖNNEN WIR IHN BEEINFLUSSEN?

Eine zu hohe Menge einfacher Kohlenhydrate (das sind Kohlenhydrate aus Weißmehl und Zucker) in unserer Nahrung feuert diesen Teufelskreis der Insulinausschüttung immer weiter an, vor allem, wenn man viel sitzt und sich wenig bewegt. Ich möchte mich hier nicht dem allgemeinen Kohlenhydrat-Bashing anschließen, aber ein Bewusstsein dafür schaffen, dass die meisten Menschen zu viel davon zu sich nehmen und darin die Wurzel vieler Probleme liegt. Ein Bewusstsein dafür zu bekommen, welche Kohlenhydrate dem Körper schaden und welche uns fit und glücklich machen, ist ein wichtiger Schritt.

Crash-Kurs Kohlenhydrate Kohlenhydrate werden in drei Kategorien unterschieden: Einfachzucker, Zweifachzucker und Mehrfachzucker.

Ohne hier zu sehr ins Detail zu gehen: Einfach- und Zweifachzucker sind es, die den Insulinausschuss befeuern und zum gefürchteten Heißhunger führen. Versuche, diese sogenannten einfachen Kohlenhydrate zu meiden oder nur in sehr geringen Mengen zu dir zu nehmen. Sie befinden sich in Nudeln, weißem Reis, Weißmehl, Süßigkeiten, Backwaren und natürlich in allem, in dem Zucker zu finden ist.

Anders sieht es mit komplexen Kohlenhydraten aus. Im Gegensatz zu den einfachen sind komplexe Kohlenhydrate wichtige Energiespender, um genug Power für den Tag zu haben. Komplexe Kohlenhydrate werden vom Körper viel langsamer verarbeitet. Der Blutzuckerspiegel bleibt konstant und du bleibst länger satt. Komplexe Kohlenhydrate stecken in Vollkornprodukten wie Vollkornreis und -haferflocken, in Hülsenfrüchten wie Linsen und Kichererbsen, in stärkehaltigem Gemüse wie Möhren und Süßkartoffeln und auch in Nüssen und Samen.

Richtwerte für Kohlenhydrate

- < 50 g Kohlenhydrate/Tag: Der Körper befindet sich im Zustand der Ketose. Das bedeutet, dass der Körper Fett statt Kohlenhydrate zur Energiegewinnung heranzieht.
- 50–100 g Kohlenhydrate/Tag: kohlenhydratreduzierte Ernährung, etwa 25 Prozent des täglichen Energiebedarfs stammen aus Kohlenhydraten (Low Carb).
- 100–200 g Kohlenhydrate/Tag: 25–40 Prozent des Energiebedarfs stammen aus Kohlenhydraten.
- > 200 g Kohlenhydrate/Tag: Mehr als 40 Prozent des täglichen Energiebedarfs stammen aus Kohlenhydraten. Für die meisten Menschen (körperlich sehr hart Arbeitende und Leistungssportler ausgenommen) wäre das zu viel.

Die Rezepte in diesem Buch sind perfekt auf eine kohlenhydratreduzierte Ernährung im Bereich zwischen 80 und 150 g pro Tag abgestimmt. An besonders aktiven Tagen oder wenn ich Sport treibe, esse ich mehr Kohlenhydrate. An Bürotagen, an denen ich fast nur sitze, achte ich auf eine geringe Kohlenhydratmenge bis zu 100 g. Finde für dich selbst heraus, welche Kohlenhydratmenge dir in welchen Situationen guttut.

NÄHRSTOFFTRACKING

Falls das alles Neuland für dich ist, ist es wichtig, überhaupt erst mal ein Bewusstsein dafür zu entwickeln, wie viele Kohlenhydrate du eigentlich isst. Dazu ist es hilfreich, deine Nahrung in einem Kalorienzähler zu beobachten. Es gibt sehr gute Apps, mit denen du ein Gefühl für die Verteilung der Nährstoffe bekommst und sie in Zukunft gezielter steuern kannst.

Es geht hier übrigens nicht in erster Linie darum abzunehmen! Sondern um eine langfristig ausgewogene Ernährung, die dich den ganzen Tag und viele Jahre fit hält. Wenn du allerdings ein paar Kilos zu viel auf den Hüften hast oder dich unwohl fühlst, wirst du mit meinen Tipps automatisch fitter und leistungsfähiger.

KEIN ZUCKER, KEIN GLUTEN – WARUM?

Der Verzicht auf Gluten und Zucker spielt bei einer kohlenhydratbewussten Ernährung eine große Rolle. Auf Gluten verzichte ich nicht, weil es gerade ein Trend ist, sondern weil ich es nicht gut vertrage und es so viele tolle Mehlsorten gibt, die voller unglaublich gesunder Nährstoffe stecken.

Besonders Weizenmehl ist meist so stark verarbeitet, dass es keine Nährstoffe mehr enthält und für viele Menschen schwer verdaulich ist. Ich merke es sehr schnell, wenn ich Weizenprodukte esse. Meine Verdauung spielt verrückt, ich fühle mich aufgedunsen und matt. Aus diesem Grund habe ich vor einigen Jahren angefangen, mit glutenfreien Alternativen zu experimentieren.

Auf die Abwechslung, die tollen Aromen und gesunden Eigenschaften, die Buchweizenmehl, Teffmehl, Quinoamehl, Amaranthmehl etc. bieten, möchte ich nicht mehr verzichten. Dabei handelt es sich um Vollkornmehle, also um komplexe Kohlenhydrate, die satt machen

und gleichzeitig wertvolle Mineralstoffe liefern. Meine Ernährung ist so auf ganz unverkrampfte und natürliche Art glutenfrei geworden. Auf Weizenmehl zu verzichten ist eine Bereicherung meines Speiseplans und keineswegs ein Verzicht! Da ich keine Zöliakie habe, verwende ich ab und zu auch Dinkelmehl. Es enthält zwar Gluten, aber auch viele gesunde Nährstoffe und eignet sich vor allem für Hefeteige.

Meinen Konsum von raffiniertem Industriezucker habe ich dagegen bereitwillig und ganz bewusst so weit wie möglich reduziert. Zucker ist einerseits ein natürlicher Bestandteil vieler Produkte wie Obst, Gemüse oder Milchprodukte. Das Problem mit industriellem Zucker ist jedoch, dass er oft in Produkten enthalten ist, in denen man ihn nicht vermutet, wie Tomatensauce, Brot, Joghurt und sogar Käse. Man spricht von verstecktem Zucker, der dazu führt, dass wir unbewusst viel mehr Zucker zu uns nehmen, als gut für uns ist. Ein Grund mehr, auf Clean Eating zu setzen, keine industriell produzierten Produkte zu verwenden und immer auf die Zutatenliste zu schauen.

Seit ich bewusst auf meinen Zuckerkonsum achte, sind mir verschiedene Dinge aufgefallen:

- Zucker löst bei mir eine Art Rausch aus. Ich will immer mehr und bei sehr großen Zuckermengen habe ich am nächsten Morgen sogar einen „Zuckerkater".
- Zucker ist überall. Manche Fruchtjoghurts enthalten so viel Zucker wie Eiscreme und werden trotzdem als gesunde Frühstücksprodukte vermarktet.
- Mein Empfinden für Süßes ist viel sensibler geworden. Süße Produkte wie Marmeladen, Fruchtjoghurts oder Müslis stelle ich lieber selbst her, da mir ein Bruchteil der Süße ausreicht, wie sie in industriell gefertigten Produkten enthalten ist.

In meinen Rezepten verwende ich darum natürliche Süßungsmittel wie Ahornsirup oder die Süße aus Früchten. Sie lassen den Insulinspiegel nicht so schnell wie industrieller Zucker ansteigen. Im Gegensatz zu weißem Industriezucker enthalten sie außerdem Mineralien und Vitamine. Damit bereite ich mir köstliche Snacks zu, die mich viel zufriedener machen als jeder industriell gefertigte Schokoriegel.

Aber auch mit den vermeintlich gesünderen Süßungsmitteln solltest du es natürlich nicht übertreiben und auf ein gesundes Maß achten. Die Menge, die der Körper gut verträgt, ist für jeden Menschen anders, abhängig vom Stoffwechsel und von der Insulinempfindlichkeit. Ein Richtwert sind etwa 25 g Zucker am Tag sowohl aus natürlichem als auch zugesetztem Zucker. Deswegen solltest du selbst einmal beobachten, was Zucker mit dir macht, und dich an die optimale Menge für dich herantasten.

Immer voll da sein - fit und konzentriert dank guter Ernährung.

ZUM THEMA „FETT"

Fett macht fett - ein hartnäckiges Missverständnis. Mit dem Wort „fett" verbinden wir negative Assoziationen. Es wird mit ungesund gleichgesetzt, mit krankhaftem Übergewicht und unausgewogener Ernährung. Fett als Nährstoff hat damit allerdings überhaupt nichts zu tun. Es ist für unseren Körper genauso wichtig wie Eiweiß und Kohlenhydrate. Wir brauchen Fett!

Ich bin dazu übergegangen, Fette als Lipide zu bezeichnen. Damit trickse ich mein Gehirn aus, in dem so tief verankert ist, dass Fett dick macht. Um dich von dem Glaubenssatz „Fett macht fett" zu befreien, kannst auch du deine Gedanken bewusst umlenken und dich so regelrecht umprogrammieren. Wenn du eine Handvoll Nüsse isst, denke nicht: „Oh, die haben aber viel Fett." Sondern: „Super, ich nasche köstliche Nüsse, die mich mit wertvollem Omega 3 versorgen." Greife bewusst zum Vollfettjoghurt und denke: „Er schmeckt besser und macht mich viel länger satt." Verfeinere deine Möhren und Süßkartoffeln mit etwas Olivenöl und denke nicht an zusätzliches Fett oder Kalorien, sondern an die wunderbaren Nährstoffe, die dein Körper durch das Olivenöl viel besser aufnehmen kann.

Wie bei den Kohlenhydraten kommt es bei Fett auf die Qualität an. Man unterscheidet zwischen gesättigten, einfach und mehrfach ungesättigten Fetten.

Ungesättigte Fettsäuren, die in pflanzlichen Produkten wie Nüssen, Avocados, Olivenöl, Samen und Saaten vorkommen, sind gut für uns und sollten regelmäßiger Bestandteil deiner Ernährung sein.

Mehrfach ungesättigte Fettsäuren können vom Körper nicht selbst hergestellt werden, weswegen wir sie durch unsere Nahrung aufnehmen müssen. Die wohl prominenteste mehrfach ungesättigte Fettsäure ist Omega 3. Sie ist für zahlreiche Stoffwechselvorgänge im Körper wie die Herstellung von Körperzellen, die Hormonbildung und das Immunsystem wichtig. Mittlerweile versprechen deswegen sogar industriell gefertigte Produkte einen hohen Omega-3-Gehalt. Das ist aber gar nicht nötig. Natürliche Produkte wie Leinsamen, Chiasamen, Lachs und Eier haben einen hohen Omega-3-Gehalt.

Gesättigte Fettsäuren finden sich hauptsächlich in tierischen Produkten wie Fleisch, Milch, Butter und Käse, aber auch in Kokosöl und Kakaobutter. Sie galten lange als ungesund, nach aktuellen Erkenntnissen sind sie aber eher als neutral einzustufen.

Was wir hingegen wirklich nicht in unserer Ernährung brauchen, sind **Transfette!** Das sind gehärtete Fette, die in industriell hergestellten Produkten enthalten sind (beispielsweise in Chips, Keksen und Kuchen). Transfette solltest du in einer gesunden Ernährung unbedingt meiden.

Was dich den ganzen Tag fit und wach hält.

Dos

- Lege den Fokus beim Essen auf Nährstoffe statt auf Kalorien.
- Achte auf ein ausgewogenes Verhältnis von Kohlenhydraten, Eiweiß und Fetten.
- „Eat the Rainbow!“: Sichere die Versorgung mit Vitaminen durch eine frische, abwechslungsreiche und bunte Ernährung.
- Passe die Kohlenhydratmenge an deinen persönlichen Energieverbrauch an.
- Hab keine Angst vor Fetten. Bereite Gemüse immer mit etwas Öl zu.
- Greife zu Vollkornmehlsorten (eventuell glutenfrei), meide Weizenprodukte.
- Achte darauf, was dein Körper dir sagt und wie er auf Lebensmittel reagiert.
- Gönne dir genug Schlaf. Wer schlecht oder zu wenig schläft, speichert erheblich mehr Kalorien.
- Lass dir beim Essen Zeit (auch zum Genießen!) und achte darauf, gründlich zu kauen.

Don'ts

- Meide zu viel Zucker, egal welcher Art.
- Finger weg von Fruchtsäften und fertigen Fruchtsmoothies! Das ist pure Fruktose, die einen regelrechten Zuckerrausch auslöst.
- Trinke kein Koffein nach 16 Uhr – Schlafstörungen sind vorprogrammiert.
- Kleine Snacks am Vor- und Nachmittag kannst du dir ruhig gönnen, du solltest dich aber nicht durch den Tag snacken und ständig etwas essen.

TIPP Viele Menschen leiden an einer Unterversorgung mit Vitamin D, die dazu führt, dass wir uns schlapp und antriebslos fühlen. Vitamin D steckt in Pilzen, Fisch und Eiern. Aber wir können hierzulande unseren Mangel kaum durch die Nahrung abdecken. Gerade in den dunklen Wintermonaten können Vitamin-D-Tabletten helfen. Achtung, Vitamin D ist fettlöslich und sollte immer mit ein paar Tropfen Öl, zum Beispiel Lein- oder Olivenöl, eingenommen werden.

Gesund

ON THE GO

In diesem Kapitel möchte ich meine ganz persönlichen Erfahrungen und Tipps mit dir teilen, die ich in stressigen Zeiten gemacht und entwickelt habe. Ich war als Unternehmensberaterin fünf Tage in der Woche nicht zu Hause. Ich habe in Hotels gewohnt, mittags war die Kantine die einzige Nahrungsquelle weit und breit. Und ich spreche nicht von hippen Kantinen in Lifestyle-Unternehmen, sondern von bodenständigen Kantinen in produzierenden Industrieunternehmen fernab von Salat-Bowls und Low-Carb-Pasta. Du kannst es dir vorstellen ...

In den ersten Wochen war ich aufgeschmissen und verzweifelt, schlecht gelaunt und dauermüde. Bis ich beschloss, dass ich selbst aktiv werden, mir etwas überlegen muss, um eine Lösung für mich zu finden, mit der ich mich gut fühle. Allein der Entschluss, die Entscheidung über meine Ernährung, meine Gesundheit und Fitness selbst in die Hand zu nehmen, machte einen riesigen Unterschied. Und genau diese stressige und harte Zeit hat mich dazu gebracht, Strategien und Tricks zu entwickeln, die mir auch heute das Reisen angenehmer und schöner machen.

Auch, wenn man nicht fünf Tage die Woche in Hotels übernachtet, sondern klassisch im Büro oder Home Office arbeitet - die Probleme sind im Kern immer dieselben. Was habe ich also gemacht, um nicht in die typischen Fallen zu tappen, die ein stressiger Alltag mit sich bringt?

GESUND UND NAHRHAFT FRÜHSTÜCKEN.

Morgens habe ich ausgewogen gefrühstückt. Haferflocken, Joghurt, Nüsse und Obst, wenn ich Lust auf etwas Süßes hatte. Gekochte Eier, Tomaten, Gurke, vielleicht ein Stück Käse, wenn es herzhaft sein sollte. Die meisten Hotels bieten ein ganz ordentliches Frühstück an, wenn man Toast, Croissants, Nutella und Marmelade ausblendet und sich voll und ganz auf die guten Sachen konzentriert.

Wer sich nicht auf das Hotelfrühstück verlassen möchte, bereitet sich zu Hause zum Beispiel eine Mischung aus Haferflocken, Zimt, Leinsamen und Nüssen vor, packt sie ab und gießt sie mit heißem Wasser auf. Einen Wasserkocher haben mittlerweile fast alle Hotels auf dem Zimmer. Ein bisschen frisches Obst dazu, ein paar Nüsse oder das mitgebrachte Lieblings-Knusper-Granola drüber, fertig ist ein gesundes Frühstück auf dem Hotelzimmer, das lange satt macht. Dann ist es auch kein Problem, wenn das Frühstücksbuffet ein Totalausfall sein sollte.

FRISCHES MITTAGESSEN STATT DEFTIGER KANTINE.

Beim Mittagessen habe ich auf Selbstversorgung gesetzt. Zu Beginn der Woche bin ich einkaufen gegangen, um meine selbst mitgebrachten Basics um frische Zutaten zu ergänzen. Ich habe frisches und tiefgekühltes

Mit gesunder Nervennahrung im Gepäck kommst du überall fit durch den Tag.

Gemüse gekauft, gekochte Kichererbsen in der Dose, vorgekochten Reis, Thunfisch, Feta, Obst, Joghurt, Kräuterquark, Nüsse, Essig und Olivenöl.

All das habe ich entweder im Kühlschrank auf meinem Hotelzimmer oder in der Teeküche und meiner Schreibtischschublade im Büro verteilt. Statt mittags dem Trott zur Kantine zu folgen und verzweifelt vor Schweinebraten, Spaghetti bolognese oder Käsemakkaroni zu stehen, habe ich mir eine Süßkartoffel in der Mikrowelle gegart und mit Kräuterquark und Räucherlachs gefüllt. Oder mir einen grünen Salat mit Thunfisch, Kichererbsen, Birne und Feta gemacht. Ich wurde richtig kreativ und habe mich jedes Mal über mein nahrhaftes, frisches Mittagessen gefreut (und dabei auch den Neid so mancher Kollegen auf mich gezogen).

LIEBLINGS-BASICS MITNEHMEN.

Eine Küche mit Mikrowelle und Kühlschrank verfügbar zu haben, um sich vor Ort etwas zubereiten zu können, ist natürlich ein Luxus, den nicht jeder hat. Aber auch wenn es keine Möglichkeit gibt, sich selbst etwas zuzubereiten oder einzukaufen, kannst du deine Ernährung auf Reisen gesünder gestalten, indem du deine wichtigsten und liebsten Basics einfach einpackst und mitnimmst.

Selbst gebackenes Brot lässt sich wunderbar mitnehmen. Für Lebensmittelallergiker ist das ohnehin eine Selbstverständlichkeit. Wer Gluten vermeiden muss, andere Intoleranzen oder Allergien hat, kann sich so auch auf Reisen bestens versorgen.

Wenn ich weiß, dass ich länger unterwegs bin und unterwegs nicht die Möglichkeit haben werde, mir einen gesunden Snack zu besorgen, packe ich mir auch immer süße Nervennahrung ein. Ich kenne mich und weiß, dass ich irgendwann Lust darauf bekomme und anfällig für Schokoriegel jeder Art werde. Vor allem, wenn ich beruflich unterwegs bin, freue ich mich in diesen Situationen über etwas selbst Gemachtes von zu Hause. Ich genieße den Moment, auf einer anstrengenden Reise ein Stück selbst gebackenes Banana Bread oder einen Energy Ball auszupacken. Das gibt mir einen Moment Ruhe und Dankbarkeit, weil ich es viel mehr wertschätze als einen gekauften Snack. Meine süßen Lieblingssnacks sind selbst gemachte Müsliriegel, gesunde Cookies, Energy Balls oder auch Muffins.

Ein weiterer Lebensretter auf Reisen sind hart gekochte Eier. Sie halten sich lange, müssen nicht gekühlt werden, passen in jede Handtasche, kommen durch jede Flughafenkontrolle und machen bei Heißhungerattacken schneller satt als jedes zuckrige Teilchen vom Bäcker. Life Saver! Zusammen mit ein paar Möhren, Tomaten, Paprika, Nüssen und einem Apfel können sie unterwegs auch ein Mittagessen ersetzen.

Auch Nüsse und ein Glas Nussmus landen immer in meinem Reisekoffer. Nüsse sind großartig und bieten viele Nährstoffe. Sie sollten als Topping für Salate, Joghurt oder Oatmeal auf jeden Fall auf den Speiseplan gehören. Mit einem Mix aus Nüssen und Samen lässt sich auch ein einfallsloser und trauriger Supermarktsalat nahrhaft aufwerten.

Von Nüssen als Snack bei Heißhunger halte ich persönlich nichts. Man neigt dazu, in dieser Situation zu viele von ihnen zu essen, was weder gut für den Magen noch für die Kalorienbilanz ist. Ein guter Richtwert: eine Handvoll Nüsse pro Tag, nicht mehr.

DIE 10 BESTEN SNACKS FÜR UNTERWEGS

- Hart gekochte Eier
- Gemüsesticks mit Hummus
- Apfel mit Mandelmus
- Knusper-Kichererbsen
- Müsliriegel
- Energy Balls
- Muffins
- Banana Bread
- Selbst gemachtes Brot
- Herzhafte Cracker

INTERVALLFASTEN ALS LÖSUNG?

Selbst wenn ich unterwegs mal nichts Gesundes dabei habe (oder meine köstliche Snackbox in der Hektik in der Diele zu Hause stehen lasse) und kein passendes Restaurant in der Nähe ist - also der Worst Case –, ist das für mich kein Grund, meine Essgewohnheiten über Bord zu werfen.

Bevor ich in solchen Situationen etwas esse, das mich träge, müde, schlecht gelaunt und einfach nicht zufrieden macht, warte ich lieber ab. Das nächste Frühstück kommt bestimmt und eine Flug- oder Zugreise lässt sich auch mal ohne einen Snack aushalten.

Das ist sogar gut für die Gesundheit und hat auch einen Namen: Intervallfasten. Wir sind so sehr daran gewöhnt, ständig etwas Essbares in greifbarer Nähe zu haben. Statt sich nonstop mit Nahrung zu füttern, wird beim Intervallfasten für einen Zeitraum von 14 bis 16 Stunden nichts gegessen. Dadurch bekommt der Körper Zeit, vorhandene Energiereserven zu nutzen, sich zu erholen und zu regenerieren.

Dieses Konzept lässt sich auf Reisen sehr gut umsetzen. Ob man im Zeitraum zwischen 10 Uhr morgens und 20 Uhr abends oder von 12 Uhr mittags bis 22 Uhr abends isst, lässt sich ganz individuell anpassen. Ich persönlich finde eine 14-stündige Fastenpause und eine 10-stündige Essphase am einfachsten in den Alltag zu integrieren.

BLEIB NÜCHTERN, TRINK WASSER!

Dann ist da noch das Thema „Alkohol". Gerade bei Geschäftsabendessen oder in der Hotelbar gehört ein Glas Wein oft zum guten Ton.

> **Durch Intervallfasten bekommt der Körper Zeit, vorhandene Energiereserven zu nutzen, sich zu erholen und zu regenerieren.**

Ich trinke auf Reisen nicht. Nie. Alkohol belastet den Körper zusätzlich, der ohnehin schon mit einer ungewohnten Umgebung, einem anderen Tagesablauf oder den Strapazen der Reise zu kämpfen hat.

Und auch wenn abends gern mit einem oder mehreren Gläsern Wein auf einen erfolgreichen Tag angestoßen wird: Am nächsten Morgen wird erwartet, dass du wieder fit bei der Arbeit erscheinst. Oder du musst den ersten Flug oder Zug nach Hause nehmen. Das Gefühl, sich verkatert, träge und müde aus dem Bett zu schleifen und mehr schlecht als recht durch den Tag zu kommen, ist kein Drink der Welt wert!

Auf der anderen Seite kannst du nie genug trinken. Ich spreche von Wasser (oder von mir aus auch von ungesüßtem Tee). Gerade auf Reisen trinke ich meist viel zu wenig. Kein Wunder! Die Aussicht, die Flugzeug- oder Bahntoilette benutzen zu müssen, ist wenig verlockend. Ständig eine schwere 1,5-Liter-Flasche Wasser mit sich herumzutragen, ist ebenso wenig charmant. Trotzdem: Dass ich zu wenig getrunken habe, merke ich spätestens dann, wenn ich Kopfschmerzen bekomme und mich etwas benommen fühle. Ich habe deswegen immer eine kleine Flasche Wasser dabei und bevor ich in ein Hotel einchecke, besorge ich immer ein paar Flaschen stilles Wasser bei einem Kiosk oder Supermarkt in der Nähe. Unterwegs nehme ich jeden Drink an, den man mir anbietet – ich spreche hier natürlich von Wasser! Beim Meeting, beim Mittagessen, beim Nachmittagskaffee, an meinem Schreibtisch. Ich bestelle immer eine große Flasche stilles Wasser, damit ich über den Tag verteilt auf mindestens 2 Liter komme – das ist aber wirklich das absolute Minimum!

VORAB RECHERCHIEREN!

Außerdem habe ich auf Reisen immer vorab recherchiert, ob es gesunde Restaurants oder Salatbars in der Nähe meines Hotels oder des Büros gibt. Niemand hat Lust, nach einem langen und anstrengenden Tag noch zu checken, wo der nächste Supermarkt ist, oder Online-Rezensionen über das Restaurant um die Ecke zu lesen.

Wie schade wäre es, in so einer Situation aus Verzweiflung in einem Fast-Food-Restaurant zu landen, wenn es zwei Straßenecken weiter ein tolles Café mit kreativen, gesunden Speisen gibt? Mach deine Hausaufgaben und recherchiere schon vor der Reise! Wenn du viel reist, wirst du dadurch zum wandelnden Restaurant-Guide.

Bei Geschäftsessen oder einem Dinner mit Kollegen hast du es natürlich nicht in der Hand, in welchem Restaurant du abends essen wirst. Aber es bleibt deine Entscheidung, was du dort bestellst. Gegrillter Fisch und gegrilltes Gemüse sind immer eine gute Wahl. Mächtige Beilagen wie Pommes, Pasta

Um auf Reisen fit zu bleiben, kommt es darauf an, seine Routine und Konsistenz beizubehalten.

oder Bratkartoffeln lassen sich bei Nachfrage meistens durch etwas Gemüse, einfache gekochte Kartoffeln oder etwas Reis ersetzen. Hab keine Angst, danach zu fragen! Bitte den Kellner auch darum, Salatdressings und Sahnesaucen in einem separaten Kännchen zu bringen. So kannst du die Menge selbst dosieren. Und wenn das Restaurant der absolute Wahnsinn ist: Genieß es! Es spricht nichts dagegen, sich zu besonderen Anlässen auch das Dessert und die Trüffelpasta zu gönnen. So lange du dich ganz bewusst dafür entscheidest und es wirklich genießen kannst. Es kommt nicht darauf an, was du dir an einem Abend in der Woche gönnst, sondern darauf, wie alle anderen Mahlzeiten aussehen.

ROUTINEN BEHALTEN.

Um auf Reisen dauerhaft fit zu bleiben, kommt es besonders darauf an, seine Routine und Konsistenz beizubehalten.

Wenn du daheim regelmäßig morgens laufen gehst, packe die Laufschuhe ein. Wenn dir das Fitnessstudio am Abend nach der Arbeit beim Entspannen hilft, suche dir ein Fitnessstudio in der Nähe deines Hotels und besorge dir dort eine Tages- oder Zehnerkarte. Das hilft nicht zuletzt auch dem Sozialleben, das auf Geschäftsreisen oft zu kurz kommt. Man lernt beim regelmäßigen Laufen oder beim Training neue Leute kennen. Und wenn es nur kurze Gespräche sind: Glaub mir, es hilft beim Abschalten und bessert die Laune! Falls du Probleme hast, auf Reisen in ungewohnter Umgebung zu entspannen und einzuschlafen, kannst du auch dafür spezielle Rituale entwickeln. Diese Rituale sind es nämlich, die dich am Ende davon abhalten, aus Langeweile die Minibar oder den Snackautomaten zu plündern. Ein solches Ritual kann ein entspannendes Bad sein oder ein besonderer Tee, den du dir von zu Hause mitgebracht hast. Ganz natürlich und beruhigend wirkt zum Beispiel Lavendelöl. Wer unter größerer Anspannung leidet, kann auch Magnesiumtabletten einnehmen. Magnesium unterstützt dein Nervensystem, hilft bei Müdigkeit und Erschöpfungserscheinungen.

Ich bin heute der Meinung, dass ich diese anstrengende Zeit in der Unternehmensberatung nur so gut überstanden habe, weil ich nicht in die typischen Fallen auf Reisen getappt bin. Während viele meiner Kollegen sich über kneifende Hosen, schlechte Haut und allgemeine Schlappheit beschwert haben, konnte ich diese Zeit gut wegstecken.

Heute stehe ich ganz ähnlichen Herausforderungen gegenüber und profitiere von den Strategien und Tricks, die ich damals entwickelt habe. Mein Alltag als Food-Fotografin und Food-Bloggerin verläuft selten nach einem geregelten Schema. Häufig bin ich für mehrere Tage auf Pressereisen oder den ganzen Tag mit dem Auto unterwegs zu Terminen. Abends stehen oft Veranstaltungen an und

Bereite für Reisen unkomplizierte Basics vor.

natürlich gibt es immer und überall etwas zu essen und zu trinken.

Ich weiß, wie schwer es anfangs ist, bei einer Einladung Nein zu einem Drink zu sagen oder die Kekse beim Meeting nicht anzurühren. Von den Tagen, an denen ich stundenlang Köstliches fotografiere und theoretisch den ganzen Tag essen könnte, fange ich gar nicht erst an.

Aber für mich ist es Luxus, mich auch auf Reisen wie im Alltag fit, wach und leicht zu fühlen. Das ist für mich unersetzbar und hat nichts mit Verzicht zu tun.

Im Gegenteil! Ich gewinne so viel Lebensqualität, dass es gar keine Frage mehr ist, ob ich den Cookie vom Coffee Shop wirklich brauche oder nicht.

Dos

- Clever frühstücken: Vollkornflocken, Joghurt, Nüsse und Obst. Eier, Tomaten, Gurke, vielleicht ein Stück Käse, wenn es herzhaft sein soll. Das findet man auf fast jedem Hotelbuffet.
- Bereite dir für Reisen unkomplizierte Basics vor: Glutenfreies Brot, Haferflocken, Nüsse, gekochte Eier, gesunde Snacks kann man gut mitnehmen.
- Achte darauf, genug Wasser zu trinken, und vermeide Alkohol.
- Nimm Aufbewahrungsdosen mit, falls du unterwegs einkaufen willst.
- Recherchiere vorher, welche Kühl- und Kochmöglichkeiten es in der Unterkunft gibt und welche Restaurants und Einkaufsmöglichkeiten in der Umgebung liegen.
- Verbringe möglichst viel Zeit an der frischen Luft und baue Sport ein.
- Behalte gesunde Alltagsgewohnheiten auf Reisen bei – sowohl beim Schlafrhythmus als auch beim Sport.
- Bleibe standhaft, wenn es nichts Gutes zu essen gibt. Hunger zu haben, ist nichts Schlimmes! Warte lieber ab, bis die nächste gesunde Mahlzeit in Sicht ist, statt einfach irgendwas zu essen.

Don’ts

- Mal schnell was vom Bäcker holen. Alles, was du beim Bäcker bekommst, enthält höchstwahrscheinlich Weizenmehl oder Zucker.
- Zu Fast Food greifen. Fast Food wie Pizza, Burger, Pommes, Frittiertes und Gebackenes steckt voller Transfette. In Kombination mit zugesetztem Zucker und Weizenmehl fühlt man sich danach schwer und träge und hat nach kurzer Zeit trotzdem wieder Hunger.
- Lass die Süßigkeiten zwischendurch weg! Industrielle Snacks wie Schokoriegel, Kuchen oder Fruchtjoghurt lassen deinen Blutzucker Achterbahn fahren. 30 Minuten später bist du wieder hungrig.

Lieblingszutaten

FÜR ALLE, DIE VIEL VORHABEN

WIE DU DIE RICHTIGEN ENTSCHEIDUNGEN TRIFFST.

Wir treffen bis zu 20.000 Entscheidungen am Tag. Zwanzigtausend. Manche erfordern analytisches Denken, den Rat von anderen oder ausgiebige Recherchen. Andere treffen wir aus reiner Gewohnheit. Wir denken kaum noch darüber nach, sie geschehen wie durch einen Autopiloten. Und genau da möchte ich dich bei deiner Ernährung hinführen.

Ich möchte dir das Wissen an die Hand geben, um ganz selbstverständlich die richtigen Entscheidungen für deine Ernährung zu treffen. Zu den Lebensmitteln zu greifen, die dir guttun und dich in deinem Leben unterstützen. Wenn du meine Rezepte nachkochst, wirst du mit der Zeit ein ganz natürliches Gefühl dafür entwickeln. So ging es mir auch!

Für den Anfang gebe ich dir eine Liste an die Hand – mit Lebensmitteln, zu denen du jederzeit greifen kannst und die du immer vorrätig haben solltest.

DIE BESTEN LEBENSMITTEL FÜR ALLE, DIE VIEL VORHABEN

Wer viel vorhat und nur wenig Zeit, möchte in dieser Zeit das meiste aus seinen Mahlzeiten rausholen. Das heißt in erster Linie maximaler Genuss, aber auch maximale Nährstoffversorgung. Deshalb sind vor allem Lebensmittel wichtig für dich, die eine besonders hohe Nährwertdichte haben, sprich, die einfach voller guter Dinge stecken. Dazu gehören in erster Linie Gemüse und Obst sowie Nüsse und Samen. Ob du sie Superfoods, Powerfoods oder Energiebomben nennst, ist egal. So oder so, sie tun dir gut. Diese Zutaten wirst du immer wieder in meinen Rezepten finden.

Die folgende Liste hilft dir, unterwegs und in Restaurants clevere Entscheidungen zu treffen. Verinnerliche sie und bald wirst du nicht mehr darüber nachdenken müssen, welche Lebensmittel gut für dich sind. Du wirst ganz selbstverständlich danach greifen.

Gemüse und Obst

- Brokkoli (gern auch tiefgekühlt) enthält viel Magnesium und Vitamin C und schmeckt sowohl roh als auch gekocht.
- Pilze enthalten Vitamin D, viel Eiweiß und Eisen.
- Blattgemüse wie Spinat, Grünkohl, Feldsalat, Mangold
- Beeren (gern auch tiefgekühlt) sind das beste Obst, das du essen kennst. Sie enthalten wenig Fruchtzucker, einen hohen Anteil an Antioxidantien, wirken antibakteriell und stecken voller Mineralstoffe. Aber Achtung: Kulturheidelbeeren aus Gewächshäusern sind meistens ziemlich nährstoffarm. Im Winter besser auf tiefgefrorene Heidelbeeren ausweichen!
- Kräuter (frisch, gefroren, getrocknet) sind wahre Vitamin- und Mineralstoffbomben.

Petersilie steckt voller Vitamin C und Eisen. Basilikum, Dill und Rosmarin helfen dem Körper bei der Verdauung. Nicht zuletzt schmecken sie köstlich und verleihen Rezepten das gewisse Etwas. Immer ein paar Kräuter über das Gericht streuen: die einfachste Art, sich etwas Gutes zu tun.
- Ingwer verleiht Gemüsegerichten, Eintöpfen und Suppen eine dezente Schärfe und wirkt zudem antibakteriell.

Proteine
- Eier in Bioqualität
- Fisch immer aus nachhaltigem Fischfang. Thunfisch in der Dose ist genial zum Mitnehmen, auch hier das MSC-Siegel für nachhaltigen Fischfang beachten.
- Tofu in Bioqualität ist herrlich vielseitig.
- Magerquark macht lange satt und enthält viel Eiweiß.
- Milchalternativen wie Mandel-, Kokos- und Reisdrink

(Pseudo-)Getreide und Hülsenfrüchte
- Vollkorn-Haferflocken (oder Hirseflocken, Dinkelflocken, Quinoaflocken)
- Linsen, Quinoa, Hirse und Buchweizen sind pflanzliche Eiweißquellen mit vielen Ballaststoffen, perfekt zum Vorkochen und vielseitig einsetzbar in Salaten, Suppen, Bratlingen.

Nüsse, Saaten und Fette
- Kokosöl ist meine erste Wahl zum Braten, da es sich sehr hoch erhitzen lässt.
- Oliven- und Leinöl für Salate
- Lein-, Hanf- und Chiasamen: Ihr hoher Anteil an Omega 3 und ihr hoher Ballaststoffgehalt unterstützen die Verdauung und sie machen lange satt.
- Mandeln und Walnüsse: Mandeln sind ein gesunder Snack, sie enthalten viele Vitamine, können den Cholesterinspiegel senken und sind herrlich vielseitig (auch als Mandelmus). Walnüsse werden nicht umsonst als Brainfood bezeichnet.

Gewürze
- Tomatenmark und gehackte Tomaten (ohne Zucker) habe ich immer im Schrank, weil sie eine großartige Grundlage für Eintöpfe, Currys und Suppen sind.
- Gewürze: Senf, Kreuzkümmel, Kurkuma, Zimt halten ewig und enthalten wertvolle Nährstoffe. **TIPP** Kurkuma immer mit etwas schwarzem Pfeffer genießen. So kann sie ihre positive Wirkung auf die Gesundheit besser entfalten.
- Sojasauce, Weißweinessig, Senf zaubern intensiven Geschmack an fast jedes Gericht.

Süßungsmittel
- Ahornsirup zum Süßen (meine liebste Wahl)
- Bitterschokolade und rohes Kakaopulver stillen sämtliche Gelüste auf Süßes.
- Kokosblütenzucker liebe ich für seinen karamelligen Geschmack. Er enthält zudem viele Mineralstoffe und wenig Fruktose.

Praktische Helfer

IN DER KÜCHE

Ich bin kein Fan davon, ein Küchengerät für jede noch so kleine Aufgabe zu besitzen, für die ein einfaches Messer ausreicht. Aber ein paar Geräte haben sich als unerlässlich und wirklich zeitsparend herausgestellt, sodass ich nicht auf sie verzichten möchte. Sie sind praktische Helfer, die dir den Alltag erleichtern.

Standmixer Ein guter Standmixer für Smoothies, Smoothie-Bowls und Suppen ist unerlässlich. Ich mahle darin auch Haferflocken- und Buchweizenmehl. Am besten ist ein Hochleistungsmixer mit mindestens 1.200 Watt und 23.000 Umdrehungen pro Minute.

Blitzhacker Den Blitzhacker kannst du verwenden, wenn du nur wenig Zutaten zerkleinern möchtest, die der Mixer nicht greifen würde. Ich bereite Energy Balls, Hummus und Pesto darin zu oder hacke auch Gemüse darin, wenn es schnell gehen muss.

Küchenwaage Nicht jede Zutat muss aufs Gramm genau abgemessen werden. Es schadet nicht, einer Gemüsepfanne 50 g mehr Brokkoli hinzuzufügen, als im Rezept steht. Bei Backrezepten, Teigen, Broten, aber auch Dressings und Saucen sollte allerdings zur Waage gegriffen werden.

Wasserkocher Der Wasserkocher lässt sich nicht nur zum Kochen von Tee nutzen, sondern auch zum Aufgießen von Haferflocken für einen schnellen Porridge und zum Vorerhitzen von Kochwasser.

Mandoline Etwas fortgeschritten, aber unglaublich zeitsparend. Mit einer Mandoline kannst du verschiedene Schneidestärken einstellen und Möhren, Kartoffeln, Gurken, Radieschen oder Rote Bete in kürzester Zeit fein hobeln.

Spiralschneider Im Grunde eine Spielerei, aber auf Gemüsespaghetti aus Zucchini, Möhren oder Gurke möchte ich nicht mehr verzichten. Es gibt sehr handliche und günstige Hand-Spiralschneider, es muss also kein großes Gerät sein.

Reibe Eine Vierkantreibe mit verschiedenen Stärken zum Reiben von Möhren, Zitronen, Äpfeln und Zucchini gehört in jede Küche.

Pürierstab Wer sich nicht gleich einen Hochleistungsmixer anschaffen oder Platz sparen möchte, kann Smoothies, Hummus und Suppen auch mit einem einfachen Pürierstab herstellen.

HELFER ZUM AUFBEWAHREN UND MITNEHMEN

Mikrowellen-, ofen- und spülmaschinenfeste Boxen In ihnen kannst du dein Essen nicht nur transportieren, sondern darin auch wieder erwärmen und daraus essen.

Einmachgläser Genial zum Mitnehmen für Overnight Oats, Joghurt, Suppen oder Salate. Das Beste: Du musst sie nicht mal extra kaufen, sondern kannst leere und gereinigte Gläser von Kichererbsen, Joghurt oder Honig wiederverwenden.

Isolierkannen Halten nicht nur warm, sondern auch kalt. Darin kannst du also sowohl heiße Suppen für unterwegs mitnehmen, als auch einen frischen Smoothie kühl halten.

Organisation

IST ALLES – CLEVER EINKAUFEN, RICHTIG AUFBEWAHREN, STRESSFREI PLANEN

Die beste Strategie gegen den Anruf beim Lieferservice oder die Tiefkühlpizza ist, immer genug Zutaten zu Hause oder unterwegs dabei zu haben, um zumindest eine ganz simple, aber gesunde und leckere Mahlzeit zu kochen. Dahinter steckt nur ein bisschen Organisation und Planung beim Einkauf und bei der Aufbewahrung von gesunden Zutaten.

DEINE EINKAUFSSTRATEGIE

Einkaufen raubt Zeit und ist für die meisten nicht die beliebteste Angelegenheit. Ausnahme ist vielleicht ein ausgedehnter Einkauf auf dem Wochenmarkt. Wenn dir das Spaß macht, plane es unbedingt ein!

Ansonsten minimiere die Zeit, die du mit dem Einkaufen verbringst, wo es nur geht. Früher habe ich den Fehler gemacht, an einem Tag zu drei verschiedenen Läden zu fahren, um ausgefallene Zutaten zu besorgen. Das war frustrierend, stressig und schlichtweg ineffizient! Heute besorge ich ausgefallenere Zutaten wie Amaranth, Quinoamehl, Biotofu oder Matcha im Biosupermarkt in größeren Mengen, damit ich nur etwa einmal im Monat dorthin muss.

Überdenke also zuerst, was die effizienteste Einkaufsplanung für dich ist. Das kann zum Beispiel so aussehen:

Besorge ganz alltägliche Zutaten wie Quark, Reis, Haferflocken und Gemüse im Supermarkt, der am nächsten liegt.

Koche mit besonderen Zutaten wie einem ganzen Fisch, einem exquisiten Stück Fleisch oder ausgefallenem Gemüse (wie frische Kurkuma, frische Steinpilze, bunter Mangold) nur dann, wenn du die Zeit hast, sie in Ruhe auf dem Wochenmarkt zu besorgen, zum Beispiel am Wochenende.

Kaufe also entweder im Biosupermarkt, auf dem Markt oder im Supermarkt um die Ecke ein, je nachdem, was du brauchst und was du noch zu Hause hast.

Effizienz und gute Planung beim Einkaufen sparen übrigens nicht nur Zeit, sondern auch Geld, da weniger Lebensmittel verderben und weggeschmissen werden müssen!

Normaler Supermarkt: zweimal pro Woche

- Grundnahrungsmittel wie Haferflocken, Nüsse, Milch, Joghurt, Eier
- Tiefkühlprodukte wie Erbsen, Beeren, Bohnen und Brokkoli
- Frisches Gemüse
- Konserven mit gehackten Tomaten, gekochten Kichererbsen, gekochtem Mais (die einzigen Produkte, die ich in Konserven kaufe)

Wochenmarkt: einmal pro Woche

- Fleisch und Fisch aus artgerechter Aufzucht und Haltung
- Regionales Gemüse vom Bauern
- Ausgefallenes Gemüse, das es im Supermarkt nicht gibt

Biosupermarkt: einmal im Monat

- Lagerfähige Produkte
- Ausgefallene Mehlsorten wie Buchweizenmehl, Vollkornreismehl oder Teffmehl
- Linsen, Quinoa, Reis, Buchweizen, Linsennudeln, Buchweizennudeln
- Biotofu
- Gewürze in Bioqualität wie Ceylon-Zimt, gemahlene Kurkuma, Kreuzkümmel, Paprika
- Matcha, Miso-Paste, Biogemüsebrühe

TIPP Schreibe deine Einkaufsliste nach der Einteilung des Supermarkts, in dem du einkaufst. Also alle Obst- und Gemüsesorten untereinander, alle gekühlten Produkte untereinander. So vermeidest du Hin-und-Her-Rennerei im Supermarkt.

Die ultimative Lösung für alle, die wirklich viele Termine haben, ist, jemand anderen den Einkauf erledigen zu lassen. Viele Supermärkte bieten Lieferdienste an, die einwandfrei funktionieren und genau zu dem Zeitpunkt liefern, an dem man auch tatsächlich zu Hause ist. Ein Segen für alle, die beruflich viel reisen. Aber auch das Abo einer Gemüsekiste vom regionalen Bauern ist eine gute Möglichkeit, direkt an der Haustür mit frischen Lebensmitteln versorgt zu werden.

INFO Wenn du Lebensmittel saisonal und regional einkaufst, tust du nicht nur der CO_2-Bilanz etwas Gutes, sondern auch dir. Frisch geerntete Lebensmittel mit kurzen Transportwegen enthalten mehr Nährstoffe als solche, die bereits einen langen Weg und viel Lagerzeit hinter sich haben.

DIE RICHTIGE LAGERUNG

Wer seltener einkauft, sollte wissen, wie die Einkäufe am besten gelagert werden, damit sie frisch bleiben und ihre wertvollen Inhaltsstoffe nicht verlieren. Lagerung von Lebensmitteln klingt zwar nach einer Selbstverständlichkeit und nicht besonders spannend. Aber als ich angefangen habe, meine Mahlzeiten zu planen und vorzubereiten, musste ich feststellen, dass ich selbst viele Fehler dabei gemacht habe.

Was gehört tatsächlich in den Kühlschrank und was auf keinen Fall? Welche Produkte müssen vor Licht geschützt werden? Und wie war das noch mit den Äpfeln und Bananen:

Richtige Lagerung im Kühlschrank

WAS GEHÖRT IN DEN KÜHLSCHRANK?

Salate, frische Kräuter, Blattgemüse wie Spinat oder Mangold, Fleisch und Fisch, Milchprodukte und Milchalternativen, Eier, Wurzelgemüse wie Sellerie, Radieschen, Kohlrabi, Rote Bete oder Möhren sowie Kohlsorten, Beeren, Äpfel, Steinobst

Alles, was aus Nordeuropa stammt, darf in den Kühlschrank.

WAS DARF NICHT IN DEN KÜHLSCHRANK?

Zitrusfrüchte, Südfrüchte wie Papaya, Mango und Ananas, Aubergine, Tomate, Zucchini, Kartoffeln, Kürbis, Zwiebeln und Knoblauch, Bananen

Obst und Gemüse aus Südeuropa verträgt keine Kälte.

TIPPS ZUR LAGERUNG

- **Obst:** Wickelt man die Spitze von Bananen oder den Stängel von Äpfeln und Birnen in Frischhaltefolie, geben sie deutlich weniger Ethylen frei und bleiben länger frisch.
- **Eier:** Sollten immer mit der spitzen Seite nach unten gelagert werden. Jedes Ei enthält unten, am runden Ende, eine kleine Luftblase. Lagert man das Ei mit der Spitze nach oben, kann die Luftblase nach einiger Zeit von unten aufsteigen, wodurch Keime eindringen können und das Ei schneller verdirbt. Auf diese Weise sind frische Eier rund 1 Monat haltbar.
- **Tomaten:** Sie bleiben länger frisch, wenn man sie verkehrtherum, also mit dem grünen Blattansatz nach unten lagert.

Niemals nebeneinander lagern oder doch? Gehören Zucchini in den Kühlschrank oder ist das ein No Go?

Es ist hilfreich zu wissen, wie man seinen Kühlschrank am besten organisiert, was dort hineingehört und was nicht und wie lange man bestimmte Obst- und Gemüsesorten lagern kann, ohne dass sie ihre Nährstoffe verlieren.

Grundsätzlich lagern alle Lebensmittel am besten kühl und dunkel. Licht und Wärme zerstören wertvolle Vitamine und lassen Lebensmittel schneller verderben. So hübsch Glasbehälter mit Quinoa, Linsen und Reis auf dem Küchenregal auch aussehen – undurchsichtige und luftdicht verschließbare Behälter oder die Lagerung in einem verschließbaren Küchenschrank sind die bessere Wahl. Ich habe zum Beispiel mattschwarze Aufbewahrungsgläser mit einem hellen Holzdeckel, die wirklich schick aussehen. Am besten beschriftest du sie von außen, damit du immer direkt weißt, was sich in den Behältern befindet.

Lebensmittel, die in den Kühlschrank gehören, sollten nach ihrem Kühlungsbedarf geordnet werden:

Ins Gemüsefach gehören Salate, frische Kräuter und Blattgemüse wie Spinat oder Mangold. Auch Wurzelgemüse wie Sellerie, Radieschen, Kohlrabi, Rote Bete oder Möhren sowie Kohlsorten kommen ins Gemüsefach.

Fleisch und Fisch kommen an die kälteste Stelle des Kühlschranks. Die befindet sich unten, direkt über dem Gemüsefach.

Auf das mittlere Fach darüber kommen Milchprodukte.

Paprika, Tomaten, Auberginen, Kürbis, grüne Bohnen und Zucchini dagegen müssen zwar kühl gelagert werden, sind aber etwas kälteempfindlich. Sie gehören entweder gar nicht oder in einen weniger kalten Teil des Kühlschranks, also ganz oben.

Ganz oben ist der Kühlschrank am wärmsten. Hier kannst du gekochte Speisen und Eier lagern. Im Sommer kommen auch frische Beeren und Steinobst dorthin.

Zitrusfrüchte und Südfrüchte wie Papaya, Mango und Ananas hingegen mögen es gar nicht kalt und gehören nicht in den Kühlschrank.

Und noch mal zum Mythos mit dem Apfel. Es stimmt: Äpfel, aber auch Bananen, Birnen, Melonen, Pflaumen und Aprikosen setzen das Gas Ethylen frei, das in der Nähe befindliche Früchte schneller reifen und verderben lässt. Sie sollten separat gelagert werden.

Wer jetzt aber denkt, mein Kühlschrank sei immer perfekt geordnet und picobello organisiert, den kann ich beruhigen: Auch bei mir herrscht ab und zu Chaos, gerade, wenn ich unter der Woche vieles herausnehme und wieder hineinstelle. Den Kühlschrank am Wochenende einmal in Ordnung zu bringen, reicht völlig aus!

WIE BLEIBEN NÄHRSTOFFE ERHALTEN, WENN MAN VORBEREITET?

Nun geht es ans Zubereiten. Auch dabei gibt es ein paar Grundregeln zu beachten:

Zerkleinere Obst und Gemüse erst nach dem Waschen und lasse es nicht lange im Wasserbad liegen, da Vitamine sonst regelrecht herausgespült werden. Wenn möglich, verwende beim Kochen die Gemüseschale mit. Das erspart dir die Zeit zum Schälen und erhält viele Nährstoffe.

Achte beim Zubereiten darauf, Gemüse so kurz wie möglich zu erhitzen, um möglichst viele Vitamine zu erhalten und natürlich, um Zeit zu sparen.

Um die Vitamine zu erhalten, blanchiere ich das Gemüse nur ganz kurz in kochendem Wasser und schrecke es direkt danach in eiskaltem Wasser ab.

Das Tiefkühlfach ist dein bester Freund, wenn es ums Vorbereiten und Aufbewahren geht.

Gemüse kannst du auch gut im Ofen rösten, möglichst kurz wie beim Kochen.

Dünsten ist ebenfalls eine schonende Methode. Dafür brauchst du übrigens keinen speziellen Topf oder Aufsatz. Das Gemüse einfach mit 2–3 EL Wasser in einen Topf geben, den Deckel daraufsetzen und bei mittlerer Hitze bissfest garen.

Das Tiefkühlfach ist dein bester Freund, wenn es ums Vorbereiten, Aufbewahren und Nährstofferhalten geht. Ich friere so viel ein, dass mein Tiefkühlschrank immer bis oben hin gefüllt ist.

Gekochter Reis, Quinoa oder Linsen kommen in einen wiederverschließbaren Beutel und werden eingefroren. Auch bereits gekochtes Gemüse kann wunderbar tiefgefroren werden.

Lass frisch gebackenes Brot, Kuchen und Muffins auskühlen, verschließe sie luftdicht und friere sie ebenfalls ein.

Möchtest du zubereitete Speisen aufbewahren, fülle sie in luftdicht verschließbare Behälter und stelle sie sofort nach dem Auskühlen in den Kühlschrank oder das Tiefkühlfach.

Das luftdichte Verschließen beim Einfrieren ist ein wichtiger Punkt, damit kein Gefrierbrand entsteht. Das sind ausgetrocknete weißliche Stellen, die entstehen, wenn Lebensmittel nicht luftdicht verpackt sind. Das ist zwar nicht weiter schlimm, schmeckt aber nicht mehr so gut und auch Nährstoffe gehen dadurch verloren. Ein einfaches Mittel, um dem entgegenzuwirken, sind Ziplocs, Plastikbeutel mit Verschluss. Die lassen sich mehrfach verwenden, um Plastikmüll zu vermeiden. Auch luftdicht verschließbare Dosen helfen, Gefrierbrand zu vermeiden.

PRAKTISCHE TIPPS ZUM EINFRIEREN

- Portioniere zum Einfrieren die Lebensmittel in die Mengen, die du später wirklich brauchst.
- Fülle Suppen, Pürees oder Smoothies in Gefriertüten, verschließe sie und lege sie dann in eine rechteckige Form. So kannst du sie später im Tiefkühlschrank stapeln.
- Schneide Brot und Kuchen in Scheiben und lege Backpapier dazwischen, um sie wieder voneinander zu lösen.
- Auch Pancakes und Waffeln kannst du vorbacken und einfrieren.
- Gewöhne dir an, Einfrierdatum und -inhalt darauf zu notieren.

NICHT GUT ZUM EINFRIEREN GEEIGNET

- Joghurt und Quark werden beim Auftauen klumpig (gegen ein

köstliches Joghurteis am Stiel spricht natürlich nichts!). Auch wasserhaltiges Gemüse wie Gurken, Zucchini oder Salat eignet sich nicht zum Einfrieren, da es matschig wird.
- Gerichte mit gekochten Eiern wie Frittata oder Rührei werden durchs Einfrieren gummiartig. Getrennt voneinander lassen sich rohes Eigelb und Eiweiß allerdings sehr gut einfrieren.
- Hartkäse solltest du vor dem Einfrieren raspeln. Sonst wird er brüchig.

HILFSMITTEL ZUM AUFTAUEN

Einmal eingefroren stellt sich später die Frage, wie die Lebensmittel am besten wieder aufgetaut werden. Gerichte mit Fisch oder Fleisch sollten immer in Ofen, Kochtopf oder Mikrowelle erhitzt werden, um die Entstehung von Bakterien zu vermeiden.

Die Mikrowelle Ich selbst besitze schon lange keine Mikrowelle mehr. Allerdings muss ich zugeben, dass sie in Büros und Hotels durchaus ihren Nutzen hat. Mitgebrachte Suppen, Gemüsepfannen oder kleine Snacks wie Bratlinge oder Falafeln lassen sich darin schnell wieder erwärmen.

TIPP In der Mikrowelle kannst du eine rohe Süßkartoffel innerhalb von 6 bis 8 Minuten butterzart garen. Einfach rundherum mit einer Gabel einstechen und auf höchster Stufe auf einem Teller in die Mikrowelle legen.

Der Ofen Tiefgefrorenes kannst du über etwa 5 Stunden bei Zimmertemperatur auftauen oder einfach bei niedriger Temperatur in den Ofen geben. Stelle es in eine Schale, wenn beim Auftauen Wasser oder Saft austritt. Brot oder Kuchen mit etwas Wasser benetzen, damit es im Ofen nicht austrocknet.

Der Toaster In Scheiben geschnitten, kannst du Brot einfach im Toaster auftauen. Das funktioniert auch wunderbar mit Pancakes, Cookies oder Waffeln.

Der Kochtopf Vorgekochtes Gemüse, Quinoa oder Reis kann direkt in den Kochtopf. Auch TK-Gemüse kommt direkt in die Suppe, die Gemüsepfanne oder das Omelette.

Bei Zimmertemperatur Im Grunde kannst du alles – außer Fleisch und Fisch (hier ist die Gefahr durch Bakterien zu hoch) – auch mehrere Stunden bei Zimmertemperatur auftauen lassen.

WAS LÄSST SICH GUT VORBEREITEN, WAS SOLLTEST DU MÖGLICHST FRISCH ZUBEREITEN?

Gemüse

- Fast alles außer feinen Blattsalaten (besser ist Romanasalat), Kräutern, Pilzen und Sprossen lässt sich gekocht, geröstet oder gedämpft 2–3 Tage im Kühlschrank aufbewahren. **TIPP** Salate und Kräuter werden wieder knackig frisch, wenn man sie in ein Bad mit eiskaltem Wasser legt.

Obst

- Geschnitten halten auch Äpfel, Mango, Kiwi, Ananas, Papaya oder Melone 1–2 Tage (wichtig ist, das Obst luftdicht zu verschließen und am besten mit etwas Zitronensaft zu beträufeln). **TIPP** Wer keinen Zitronensaft mag, kann geschnittenes Obst auch in einer Mischung aus 250 ml Wasser und 1 EL Honig aufbewahren.
- Birnen, Granatäpfel, Erdbeeren oder Bananen halten sich nicht besonders gut.

Proteine

- Hart gekochte Eier halten sich selbst ohne Kühlschrank bis zu 7 Tage.
- Durchgegartes Hähnchenfleisch schmeckt auch kalt sehr gut und hält sich 3–4 Tage.
- Auch eine Frittata, gegarter Fisch oder Rührei können 1 Tag im Kühlschrank aufbewahrt werden.
- Weich gekochte Eier, Spiegeleier, rosa gebratenes Fleisch oder glasiger Fisch eignen sich nicht zum Aufbewahren und Mitnehmen.

Getreide und Hülsenfrüchte

- Gekochter Reis, Kichererbsen, Linsen, Quinoa, Buchweizen oder Hirse halten sich sehr gut und können 4–5 Tage im Kühlschrank aufbewahrt werden.
- Luftdicht verschlossen können sie auch eingefroren werden.

GEHEIMTIPP Ein absoluter Hit zum Vorkochen und Aufbewahren sind Kartoffeln, Nudeln (am besten Vollkorn) und Reis (ebenfalls Vollkorn). Lässt man sie mehr als 12 Stunden im Kühlschrank abkühlen, werden sie von reinen Kohlenhydratlieferanten zu einer Quelle für resistente Stärke. Dabei handelt es sich um einen Ballaststoff, der die Darmfunktion unterstützt und für eine gesunde Darmflora sorgt. Resistente Stärke lässt auch den Insulin- und Glukosespiegel im Blut weniger stark ansteigen. Das Gefühl eines Kohlenhydratkomas ist bei erkalteten Nudeln, Reis und Kartoffeln also viel weniger

Mach dir keinen Stress, weil du glaubst, du musst 21 verschiedene Rezepte in der Woche kochen!

ausgeprägt. Es konnte sogar nachgewiesen werden, dass sie im kalten Zustand weniger Kalorien enthalten (der Effekt ist mit knapp 10 Prozent der Kalorien aber minimal und eher ein Fun Fact am Rande). Das macht kalte oder wieder aufgewärmte Kartoffel-, Nudel- und Reisgerichte zum perfekten Mittagessen to go.

WIE DU DEINE WOCHE STRESSFREI ORGANISIERST UND EINEN REALISTISCHEN MEAL PLAN ERSTELLST

Ein wenig Planung ist die Grundlage für eine stressfreie ausgewogene Ernährung. Aber bei so manchem Wochenplan aus dem Netz oder aus Büchern, die ich ausprobiert habe, habe ich schnell die Lust verloren.

Da gab es jeden Morgen ein anderes Frühstück, fünf verschiedene Nachmittagssnacks und immer ein neues Abendessen. Das macht in der Woche 21 verschiedene Rezepte, wenn man die Snacks nicht mitzählt! Für mich war das unrealistisch und nicht alltagstauglich, so sehr ich mir das wünschte. Ich esse manchmal drei Tage hintereinander das gleiche Frühstück, zum Beispiel Oatmeal, Joghurt mit Granola oder selbst gebackenes Brot, und wandle es nur mit unterschiedlichen Toppings ab.

Mittags gibt es bei mir oft an zwei bis drei aufeinanderfolgenden Tagen dieselbe Suppe oder abends zweimal hintereinander gebratenes Hühnchen – allerdings immer neu und lecker kombiniert.

Rezepte mit schnell verderblichen Lebensmitteln, Fisch oder Fleisch plane ich für den Anfang der Woche ein. Gegen Ende der Woche stelle ich mir dann gern bunte Teller oder eine Bowl mit allem zusammen, was noch da ist.

Am Wochenende mache ich mir gar keinen Stress. Es gibt doch nichts Schöneres, als Samstag mit einem Brunch und guten Freunden ins Wochenende zu starten. Auch abends wird vielleicht mal gemeinsam gekocht oder man trifft sich im Lieblingsrestaurant. Natürlich achte ich auch dabei auf die Grundregeln einer gesunden Ernährung. Aber am Wochenende ist alles etwas entspannter, intuitiver. Deswegen ist der Meal Plan am Wochenende etwas lockerer, du musst das Wochenende nicht komplett durchplanen.

Mache dir bloß keinen unnötigen zusätzlichen Stress, weil du glaubst, du müsstest pro Woche 21 verschiedene Mahlzeiten zubereiten! Es ist okay, an zwei oder drei aufeinanderfolgenden Tagen das Gleiche zu essen. Dank variierender Kombinationen und wechselnder Beilagen kannst du trotzdem lecker und vielfältig essen. Ein Wochenplan soll dein Leben erleichtern, nicht verkomplizieren!

3 Stunden – und du bist die ganze Woche mit köstlichem Essen versorgt.

MEINE REGEL UNTER DER WOCHE:
3-2-1 Suche dir für die Woche drei herzhafte Rezepte, zwei Frühstücksrezepte und einen Snack aus. Das reicht für die Woche, denn du kannst die Grundrezepte immer etwas abwandeln. Kaufe immer genug Zutaten für zwei bis drei Portionen von jedem Rezept ein. So hast du genug, um es für die Woche aufzubewahren oder auch einzufrieren.

Samstag Samstags erstellst du dir deinen Plan für die nächste Woche.

Du weißt, ob du in der kommenden Woche zu Hause bist, wann du unterwegs bist und vielleicht sogar in einer anderen Stadt übernachten wirst. Danach, wie deine Woche aussieht, planst du deine Mahlzeiten.

Ich mache das meistens direkt nach dem Frühstück. Setze mich mit inspirierenden Kochbüchern, meinen Pinterest Boards und Lieblings-Blogs auf die Couch und schreibe auf, was ich in der kommenden Woche gern ausprobieren möchte. Dann schreibe ich den Einkaufszettel und besorge alles, was ich für die Woche brauche und was an Grundlebensmitteln fehlt.

Zeitaufwand für die Planung: 1 Stunde
Zeitaufwand für den Einkauf auf dem Markt oder im Supermarkt: 1,5 Stunden

Sonntag Sonntag ist Meal-Prep-Tag, das heißt, heute wird vorbereitet und vorgekocht. Du kannst Brote backen, dir gesunde Snacks vorbereiten, Gemüse schnippeln und Quinoa, Linsen oder Reis kochen, die du im Kühlschrank aufbewahrst. Koche Gerichte, die sich gut aufbewahren lassen, wie Suppen oder Eintöpfe, jetzt schon vor.

Nur 3 Stunden – und du bist die ganze Woche mit köstlichem, selbst gekochtem und gesundem Essen versorgt!

Zeitaufwand für die Vorbereitung und Zubereitung: 3 Stunden

Montag bis Freitag Bereite unter der Woche abends nur schnelle, leichte Gerichte zu. Besorge am Mittwoch oder Donnerstag noch mal ein paar frische Zutaten wie Salat oder etwas, das gerade fehlt.

Zeitaufwand unter der Woche, um ein vorbereitetes Gericht aus dem Kühlschrank zu holen und eventuell noch aufzuwärmen: 10–30 Minuten

So könnte dein persönlicher Wochenplan aussehen:

3-2-1

3 herzhafte Rezepte Blumenkohl Fried Rice, Süßkartoffel-Curry-Frittata, Rote Linsensuppe
2 Frühstück Zucchinibrot, Power-Porridge
1 Snack Vanille-Erdnuss-Kugeln

	FRÜHSTÜCK	MITTAGESSEN	SNACKS*	ABENDESSEN	Vorbereiten
Samstag	Brunch mit Freunden auswärts oder zu Hause			Ganzer Fisch aus dem Ofen, dazu roher Zucchinisalat	
Sonntag	Banana-Pancakes + Schoko-Hummus	Roher Zucchinisalat vom Vorabend		1 Rote-Linsen-Suppe mit Hühnchen	1 Rote Linsensuppe 2 Zucchinibrot 3 veganer Aufstrich 4 Vanille-Erdnuss-Kugeln
Montag	2 + 3 Zucchini-Brot + veganer Aufstrich	Reste vom Wochenende	4 Vanille-Erdnuss-Kugeln	1 Rote-Linsen-Suppe mit Hühnchen	5 Kurkumaquark
Dienstag	2 + 5 Zucchini-Brot + Kurkuma-quark	1 Rote-Linsen-Suppe mit Hühnchen	4 Vanille-Erdnuss-Kugeln	8 Süßkartoffel-Curry-Frittata	6 Kirschquark 7 3 Portionen Porridge mischen 8 Süßkartoffel-Curry-Frittata (doppelte Menge)
Mittwoch	6 + 7 Power-Porridge + Kirschquark	8 Süßkartoffel-Curry-Frittata	4 Vanille-Erdnuss-Kugeln	9 Blumenkohl Fried Rice	9 Blumenkohl Fried Rice (doppelte Menge)
Donnerstag	6 + 7 Power-Porridge + Kirschquark	9 Blumenkohl Fried Rice	4 Vanille-Erdnuss-Kugeln	2 Zucchinibrot + Rohkost	10 Mangosauce
Freitag	7 + 10 Power-Porridge + Mangosauce	Mix + Match mit Resten	4 Vanille-Erdnuss-Kugeln	Essen gehen mit Freunden	

* optional

Ausführliche Infos
Seite 218

Rezepte

Power

FÜR DEN MORGEN

HERZHAFTE

Frühstücks-Bowl

Es muss nicht immer ein süßes Frühstück sein. Manchmal habe ich morgens richtig Lust auf Gemüse. Diese herzhafte Bowl mit Quinoa, Gemüse und Ei gibt viel Kraft für den Tag und macht extralange satt. Perfekt für Tage, an denen du viel unterwegs bist, oder für einen Wochenend-Brunch.

vegetarisch, laktosefrei, glutenfrei

ZUBEREITUNGSZEIT
20 MINUTEN

Für 2 Portionen
100 g Quinoa
1 Ei (Größe M)
1 Grapefruit
4 Champignons
80 g Cocktailtomaten
1 TL Olivenöl
Salz
frisch gemahlener schwarzer Pfeffer
1 Avocado
1 EL Zitronensaft
4–5 Stängel Petersilie oder Koriander

Quinoa in ein feines Sieb geben und unter fließendem kaltem Wasser gut abspülen. Mit 200 ml Wasser in einen Topf geben, zum Kochen bringen und 15 Minuten bei mittlerer Hitze köcheln lassen, bis die Quinoakörner weich sind. • Inzwischen das **Ei** 6–7 Minuten wachsweich kochen, abschrecken und abkühlen lassen. • Die **Grapefruit** schälen und quer in schöne Scheiben schneiden. • Die **Champignons** putzen und vierteln. Die **Cocktailtomaten** waschen und halbieren. Das **Olivenöl** in einer Pfanne erhitzen, dann Champignons und Tomaten darin anbraten. • Quinoa abgießen und auf zwei Schüsseln aufteilen. Mit **Salz** und **Pfeffer** würzen. • Die **Avocado** halbieren, entkernen, das Fruchtfleisch herauslöffeln und in Spalten schneiden. Auf die Quinoa legen, mit dem **Zitronensaft** beträufeln und die Grapefruitscheiben danebenlegen. • Die Pilz-Tomaten-Mischung hinzugeben. Das Ei schälen, halbieren und auf die Frühstücks-Bowls geben. Zum Schluss mit der **Petersilie** garnieren.

Nährwerte pro Portion: 505 kcal • KH 44 g, F 29 g, EW 14 g

1
2019
M T W T F S S
1 2 3 4 5 6
7 8 9 10 11 12 13
14 15 16 17 18 19 20
21 22 23 24 25 26 27
28 29 30 31

TIPP Beim Backen kannst du statt der Bananen auch dünn geschnittene Apfelscheiben oder im Sommer Pfirsichspalten auf das Omelette legen.

Süßes Omelette

MIT BANANE

Dieses Rezept gibt es bei mir fast jedes Wochenende. Seit meiner Kindheit habe ich eine große Schwäche für süße Pfannkuchen. Ich wollte ein Pfannkuchenrezept finden, das ganz ohne Mehl auskommt. Heraus kam dieses süße Omelette, das perfekt für eine kohlenhydratarme Ernährung geeignet ist.

vegetarisch, glutenfrei

ZUBEREITUNGSZEIT
15 MINUTEN

Für 2 Portionen

2 Eier (Größe M)
4 Eiweiß (Größe M)
60 g Magerquark
1 TL Vanillemark
40 g gemahlene Mandeln
1 TL Backpulver
1 Prise gemahlener Zimt
1 Banane
1 TL Kokosöl
100 g frische gemischte Beeren (alternativ TK-Ware, aufgetaut)
2 EL Pekannüsse
2 EL Naturjoghurt (1,5 %)
20 g Granatapfelkerne
2 EL Ahornsirup oder Honig

Die **Eier** mit **Eiweiß, Magerquark** und **Vanillemark** in einer Schüssel verquirlen. **Mandeln, Backpulver** und **Zimt** dazugeben und untermischen. Die **Banane** schälen und in dünne Scheiben schneiden. • Das **Kokosöl** in einer beschichteten Pfanne erhitzen. Die Eiermischung hineingießen und bei mittlerer Hitze 2 Minuten stocken lassen. • Die Bananenscheiben darauflegen und etwa 5 Minuten bei niedriger Hitze weiterbacken. Das Omelette vorsichtig wenden und von der anderen Seite 2 Minuten backen. • Inzwischen die **Beeren** waschen, gegebenenfalls entstielen und klein schneiden. Die **Pekannüsse** hacken. • Das Omelette auf einen großen Teller geben. Den **Joghurt** darauf verteilen und mit Beeren und **Granatapfelkernen** belegen. **Ahornsirup** darüberträufeln, mit den Pekannüssen bestreuen und sofort servieren.

Nährwerte pro Portion: 374 kcal • KH 31 g, F 22 g, EW 9 g

Mocha-Smoothie

Ein absoluter Power-Smoothie, der dich wach macht und viel Energie für den Tag spendet. Die Kombination aus Banane, Kakao und Espresso ist einfach genial und der Smoothie wird durch die Bananen und das Mandelmus extracremig. Ich liebe es, Zutaten in meine Smoothies zu mischen, die mir besonders guttun. Deshalb kommen Leinsamen mit in den Mocha-Smoothie, die mehrfach ungesättigte Omega-3-Fettsäuren enthalten.

vegan, laktosefrei, glutenfrei

ZUBEREITUNGSZEIT
10 MINUTEN

Für 2 Portionen

2 Espresso
2 in Scheiben geschnittene und gefrorene Bananen
2 EL Kakaopulver
2 TL Leinsamen
2 TL Mandelmus
500 ml ungesüßter Mandeldrink oder ungesüßte Kokosmilch
1 EL Ahornsirup
2 EL veganes Schoko- oder Vanille-Proteinpulver
1 Prise gemahlener Zimt
¼ frische Banane
1 TL Kakaonibs

Die **Espressi** zubereiten und in den Standmixer geben. Die gefrorenen **Bananenscheiben** mit **Kakaopulver, Leinsamen, Mandelmus, Mandeldrink, Ahornsirup, Schoko-** oder **Vanille-Proteinpulver** und **Zimt** dazugeben und alles erst auf niedriger, dann auf hoher Stufe zu einem cremigen Smoothie pürieren. • In zwei große Gläser füllen. Das frische **Bananenstück** in Scheiben schneiden, auf die Gläser verteilen, mit den **Kakaonibs** dekorieren und sofort genießen.

TIPP Ich habe immer gefrorene Bananen für Smoothie-Bowls im Gefrierfach. Du solltest sie vorher immer klein schneiden, sonst kann der Mixer sie nur schwer verarbeiten. Außerdem kannst du so jederzeit die gewünschte Menge entnehmen.

Nährwerte pro Portion: 402 kcal • KH 40 g, F 17 g, EW 16 g

* Nährwerte pro Portion: 268 kcal • KH 22 g, F 11 g, EW 19 g   ** Nährwerte pro Portion: 253 kcal • KH 40 g, F 6 g, EW 7 g   *** Nährwerte pro Portion: 263 kcal • KH 40 g, F 7 g, EW 7 g

Protein-Pancakes

vegetarisch, glutenfrei

ZUBEREITUNGSZEIT 15 MINUTEN

Für 2 Portionen (ergibt 8–10 Stück)
125 g Magerquark
2 Eier (Größe M)
½ TL gemahlener Zimt
50 g glutenfreie zarte Haferflocken
1 EL Buchweizenmehl
½ TL Backpulver
1 Prise Salz
1 TL Kokosöl zum Ausbacken

Den **Quark** in eine Rührschüssel geben. Die **Eier** trennen und das Eigelb in den Quark rühren. • **Zimt, Haferflocken, Buchweizenmehl, Backpulver** und **Salz** dazugeben und untermengen. Dann das Eiweiß steif schlagen und unter die Quarkmasse heben. • ½ TL **Kokosöl** in einer großen Pfanne auf mittlerer Stufe erhitzen. Pro Pancake etwa 1 großen EL Teig in die Pfanne geben, etwas ausstreichen und etwa 2 Minuten ausbacken. Die Pancakes wenden und nochmals 2 Minuten backen. Mit restlichem **Kokosöl** und restlichem Teig ebenso verfahren.

Banana-Pancakes

vegetarisch, laktosefrei, glutenfrei

ZUBEREITUNGSZEIT 20 MINUTEN

Für 2 Portionen (ergibt 6 Pancakes)
1 Banane
1 Ei (Größe M)
60 ml ungesüßter Mandeldrink
1 EL Ahornsirup
60 g Reismehl
½ TL Backpulver
¼ TL gemahlener Zimt
½ TL Kokosöl zum Ausbacken

Die **Banane** schälen, grob zerkleinern, mit **Ei, Mandeldrink** und **Ahornsirup** in den Blitzhacker geben und glatt pürieren. Alternativ den Stabmixer verwenden. • **Reismehl, Backpulver** und **Zimt** in einer Rührschüssel vermischen. Die Bananenmischung dazugeben und verquirlen. • Das **Kokosöl** in einer großen Pfanne auf niedriger Stufe erhitzen. Pro Pancake etwa 2 EL Teig in die Pfanne geben und etwa 3 Minuten ausbacken. Die Pancakes wenden und nochmals 2 Minuten backen.

Vegane Pancakes

vegan, laktosefrei, glutenfrei

ZUBEREITUNGSZEIT 15 MINUTEN

Für 2 Portionen (ergibt 6 Pancakes)
100 g Buchweizenmehl
1 TL Backpulver
1 TL Natron
½ TL gemahlener Zimt
1 TL Chiasamen
50 g Sojajoghurt
(alternativ Kokosjoghurt)
1 TL Ahornsirup
1 TL Apfelessig
¼ TL Vanilleextrakt
125 ml Mineralwasser mit Kohlensäure
1 EL geschmolzenes Kokosöl plus
½ TL Kokosöl zum Ausbacken

Buchweizenmehl, Backpulver, Natron, Zimt und **Chiasamen** in einer Rührschüssel vermischen. • In einer anderen Schüssel den **Sojajoghurt** mit **Ahornsirup, Apfelessig** und **Vanilleextrakt** verquirlen. • Die Joghurtmischung in die Rührschüssel mit den trockenen Zutaten geben, **Mineralwasser** und geschmolzenes **Kokosöl** hinzufügen und mit dem Handrührgerät rühren, bis sich die Zutaten verbunden haben. • Das **Kokosöl** zum Ausbacken in einer großen Pfanne auf mittlerer Stufe erhitzen. Pro Pancake etwa 2 EL Teig in die Pfanne geben und etwa 2 Minuten ausbacken. Die Pancakes wenden und nochmals 2 Minuten backen.

Overnight Oats

MIT APFEL UND MÖHRE

Overnight Oats gibt es in endlos vielen Varianten. Diese Overnight Oats bleiben durch verschiedene Kerne und Saaten sowie die Möhre knackig und halten lange satt. Den griechischen Joghurt kannst du selbstverständlich gegen Soja- oder Kokosjoghurt austauschen, dann sind die Overnight Oats vegan.

vegetarisch, glutenfrei

ZUBEREITUNGSZEIT
10 MINUTEN PLUS
RUHEZEIT ÜBER NACHT

Für 2 Portionen

60 g glutenfreie kernige Haferflocken
2 TL geschrotete Leinsamen
2 TL Kürbiskerne
2 TL Sonnenblumenkerne
2 TL Chiasamen
½ TL gemahlener Zimt
250 ml ungesüßter Mandeldrink
1 Möhre
1 kleiner Apfel
1 EL Rosinen (alternativ Gojibeeren)
2 EL griechischer Naturjoghurt (2 %)
150 g frisches Obst nach Saison
1 EL Mandeln

Die **Haferflocken** mit **Leinsamen, Kürbiskernen, Sonnenblumenkernen, Chiasamen, Zimt** und **Mandeldrink** in einer Schüssel vermischen. • Die **Möhre** schälen und grob reiben. Den **Apfel** waschen und ebenfalls grob reiben. Möhre und Apfel zusammen mit den **Rosinen** unter die Haferflocken mischen, abdecken und im Kühlschrank über Nacht ziehen lassen. • Am nächsten Morgen die Haferflockenmischung in zwei Gläser füllen und mit dem **Joghurt** toppen. Das **Obst** waschen, klein schneiden und daraufgeben, mit den **Mandeln** bestreuen und genießen.

Nährwerte pro Portion: 418 kcal • KH 45 g, F 18 g, EW 15 g

TIPP Kurkuma immer zusammen mit etwas gemahlenem schwarzem Pfeffer genießen. Nur so können die wertvollen Inhaltsstoffe vom Körper aufgenommen und verwertet werden.

Spitzkohl-Rührei

MIT KURKUMA

Ich liebe Rührei und damit es abwechslungsreich bleibt, kombiniere ich es mit verschiedenen Gewürzen und Zutaten. Spitzkohl ist ein köstlicher Vitamin-C-Lieferant und schmeckt gebraten sehr mild und zart. Kurkuma verleiht dem Rührei eine intensive gelbe Farbe und milde Würze. So hast du Rührei bestimmt noch nie gegessen!

vegetarisch, laktosefrei

ZUBEREITUNGSZEIT
20 MINUTEN

Für 2 Portionen
6 Eier (Größe M)
½ TL gemahlene Kurkuma
100 ml ungesüßter Mandeldrink
Salz
frisch gemahlener schwarzer Pfeffer
100 g Spitzkohl
1 Frühlingszwiebel
1 TL Rapsöl
1 Bund Schnittlauch
80 g Radieschen
2 Scheiben Brot

Die **Eier** in eine Schüssel aufschlagen, **Kurkuma** und **Mandeldrink** dazugeben, kräftig mit **Salz** und **Pfeffer** würzen und verquirlen. • Den **Spitzkohl** waschen und in feine Streifen schneiden. Die **Frühlingszwiebel** putzen und schräg in Ringe schneiden. • Das **Rapsöl** in einer großen Pfanne erhitzen. Spitzkohl und Frühlingszwiebeln darin bei mittlerer Hitze anbraten, bis der Spitzkohl weich ist. • Den **Schnittlauch** in Röllchen schneiden. Die **Radieschen** waschen, putzen und in Scheiben hobeln. • Den Spitzkohl auf einen Teller geben. Die Eiermischung in die Pfanne gießen und unter Rühren anbraten. Spitzkohl wieder mit in die Pfanne geben. Zum Schluss den Schnittlauch hinzufügen. • Die **Brotscheiben** mit den Radieschen belegen. Das Spitzkohl-Rührei darauf anrichten und mit **Salz** und **Pfeffer** würzen.

Nährwerte pro Portion: 145 kcal • KH 20 g, F 4 g, EW 5 g

Frühstücksauflauf

MIT HIRSE, BEEREN UND PISTAZIEN

Absolutes Soul Food! Der Hirseauflauf duftet schon beim Backen himmlisch und schmeckt natürlich am besten frisch aus dem Ofen. Ich schneide ihn in Einzelportionen und friere die Stücke ein. Dann kann ich jederzeit eines davon im Ofen auftauen – wie frisch gebacken!

vegetarisch, glutenfrei

ZUBEREITUNGSZEIT
20 MINUTEN PLUS CA.
30 MINUTEN BACKZEIT

Für 4 Portionen
160 g Hirse
300 ml ungesüßter Mandeldrink
200 g frische gemischte Beeren (alternativ TK-Ware)
50 g glutenfreie zarte Haferflocken
1 TL Backpulver
1 TL gemahlener Zimt
¼ TL Salz
2 Eier (Größe M)
300 g Magerquark
5 EL Ahornsirup
1 TL Vanillemark
½ TL Kokosöl zum Einfetten
20 g gehackte Pistazien
20 g gehobelte Mandeln
½ TL Birken-Puderzucker zum Bestäuben (optional)
Außerdem
runde Auflaufform (Ø ca. 18 cm)

Den Backofen auf 200 °C Ober-/Unterhitze vorheizen. • Die **Hirse** in ein feines Sieb geben und unter fließendem kaltem Wasser abspülen. Mit dem **Mandeldrink** in einen Topf geben, aufkochen und bei aufgesetztem Deckel auf niedriger bis mittlerer Stufe unter gelegentlichem Rühren etwa 15 Minuten köcheln lassen. Während des Kochens eventuell noch etwas Wasser dazugießen, damit die Hirse nicht anbrennt. • Inzwischen die **Beeren** abspülen und abtropfen lassen. • Die fertig gegarte Hirse in eine große Schüssel geben, **Haferflocken, Backpulver, Zimt** und **Salz** dazugeben und vermischen. • Die **Eier** trennen und das Eiweiß steif schlagen. • Den **Magerquark** mit **Ahornsirup, Vanillemark** und Eigelb glatt rühren, zur Hirsemischung geben und vermengen. Dann das Eiweiß unterheben. Zum Schluss die Beeren vorsichtig unterheben, damit sie nicht zerquetscht werden. • Die Auflaufform mit dem **Kokosöl** einfetten. Die Hirsemischung in die Form füllen, mit **Pistazien** und **Mandeln** bestreuen und im vorgeheizten Ofen etwa 30 Minuten backen, bis der Auflauf goldbraun ist. • Aus dem Ofen nehmen, den Frühstücksauflauf nach Belieben mit **Birken-Puderzucker** bestäuben und noch warm genießen.

Nährwerte pro Portion: 435 kcal • KH 54 g, F 13 g, EW 21 g

TIPP Besonders köstlich schmeckt er mit einem großen Löffel Naturjoghurt.

Süße Buchweizen-Pfannkuchen*

Herzhafte Buchweizen-Pfannkuchen**

Zwei-Zutaten-Pfannkuchenteig: Nährwerte pro Portion: 433 kcal • KH 89 g, F 2 g, EW 12 g
* Nährwerte pro Portion: 691 kcal • KH 106 g, F 18 g, EW 21 g
** Nährwerte pro Portion: 575 kcal • KH 100 g, F 9 g, EW 18 g

Zwei-Zutaten-Pfannkuchenteig

vegan, laktosefrei, glutenfrei

ZUBEREITUNGSZEIT 5 MINUTEN PLUS EINWEICHZEIT ÜBER NACHT

Für 2 Portionen (ergibt 4 Pfannkuchen)
250 g Buchweizen
500 ml Wasser

Den **Buchweizen** in eine Schüssel geben, mit Wasser bedecken und über Nacht einweichen. • In ein feines Sieb abgießen und gut abspülen. Mit 500 ml Wasser in den Hochleistungsmixer geben und zu einem glatten Teig verarbeiten – es sollten keine Stückchen mehr sichtbar sein. • Den Teig nach Belieben zu süßen oder herzhaften Pfannkuchen (siehe unten) weiterverarbeiten.

Süße Buchweizen-Pfannkuchen

vegetarisch, glutenfrei

ZUBEREITUNGSZEIT 20 MINUTEN (OHNE TEIGZUBEREITUNG)

Für 2 Portionen
1 Vanilleschote
1 TL gemahlener Zimt
1 Rezeptmenge Zwei-Zutaten-Pfannkuchenteig (siehe oben)
2 TL Kokosöl zum Ausbacken
250 g Naturjoghurt (3,5 %)
200 g TK-Beerenmix, aufgetaut
30 g gehackte Pistazien

Das Mark aus der **Vanilleschote** kratzen und mit dem **Zimt** unter den **Pfannkuchenteig** rühren. • ½ TL **Kokosöl** in einer großen Pfanne erhitzen. Ein Viertel des Teigs hineingeben, durch Schwenken gleichmäßig verteilen und bei mittlerer Hitze 1–2 Minuten backen. Wenden und von der anderen Seite ebenfalls 1–2 Minuten backen. Mit restlichem **Kokosöl** und restlichem Teig ebenso verfahren. • Die Pfannkuchen aufrollen und auf eine Platte geben. **Joghurt** und **Beeren** daraufgeben und mit den **Pistazien** bestreuen.

Herzhafte Buchweizen-Pfannkuchen

vegan, laktosefrei, glutenfrei

ZUBEREITUNGSZEIT 25 MINUTEN (OHNE TEIGZUBEREITUNG)

Für 2 Portionen
1 Schalotte
1 TL Olivenöl
200 g TK-Erbsen
1 Stängel Minze
½ TL abgeriebene Biozitronenschale
Salz
frisch gemahlener schwarzer Pfeffer
2 TL Kokosöl zum Ausbacken
1 Rezeptmenge Zwei-Zutaten-Pfannkuchenteig (siehe oben)
Saft von ½ Zitrone

Die **Schalotte** schälen und fein hacken. Das **Olivenöl** in einem Topf erhitzen und die Schalotten darin anbraten. **Erbsen, Minze** und 100 ml Wasser hinzugeben und köcheln, bis die Erbsen aufgetaut sind. • Die Minze entsorgen. Die Erbsen mit dem Stabmixer grob pürieren – es dürfen noch ganze Erbsen zu sehen sein. Die **Zitronenschale** unterrühren und mit **Salz** und **Pfeffer** abschmecken. Warm halten. • Inzwischen ½ TL **Kokosöl** in einer großen Pfanne erhitzen. Den **Teig** mit **Salz** und **Pfeffer** würzen, ein Viertel davon in die Pfanne geben, gleichmäßig verteilen und bei mittlerer Hitze 1–2 Minuten backen. Wenden und von der anderen Seite ebenfalls 1–2 Minuten backen. Mit restlichem **Kokosöl** und restlichem Teig ebenso verfahren. • Die Pfannkuchen mit dem groben Erbsenpüree bestreichen, zusammenklappen und auf zwei Teller legen. Zum Schluss mit dem **Zitronensaft** beträufeln.

Grüne Matcha-Bowl

vegan, laktosefrei, glutenfrei

ZUBEREITUNGSZEIT 5 MINUTEN

Für 2 Portionen
100 g Zucchini
1 Granny-Smith-Apfel
150 g TK-Spinat (portionierbar)
300 g Seidentofu
2 EL Mandelmus
2 TL Matcha
8 Minzeblätter
Saft von 1 Limette
2 TL Protein-Sprinkle (siehe Seite 71)
2 TL Gojibeeren
½ TL Blütenpollen

Die **Zucchini** waschen und grob in Stücke schneiden. Den **Apfel** waschen, entkernen und ebenfalls grob in Stücke schneiden. Beides mit **TK-Spinat, Seidentofu, Mandelmus, Matcha** und **Minzeblättern** in den Standmixer geben und zu einem cremigen Smoothie pürieren. • Mit dem **Limettensaft** abschmecken, in zwei Bowls füllen und mit **Protein-Sprinkle, Gojibeeren** und **Blütenpollen** toppen.

TIPP Diese Bowl enthält nur wenig Fruchtzucker und ist damit eine sehr kohlenhydratarme Alternative zu anderen Smoothie-Bowls.

Blaubeer-Bowl

vegan, laktosefrei, glutenfrei

ZUBEREITUNGSZEIT 8 MINUTEN

Für 2 Portionen
80 g Babyspinat
1 Banane
200 g TK-Blaubeeren
100 g TK-Himbeeren
200 ml ungesüßter Mandeldrink
1 Prise gemahlener Zimt
4 Basilikumblätter
50 g frische Blaubeeren
2 TL Buchweizen-Schoko-Knusper (siehe Seite 71)

Den **Spinat** waschen und trocken schütteln. Die **Banane** schälen, in Scheiben schneiden und einige davon beiseitelegen. • Restliche Banane und Spinat mit gefrorenen **Blaubeeren** und **Himbeeren, Mandeldrink, Zimt** und **Basilikum** in den Standmixer geben und zu einem sehr dickflüssigen Smoothie pürieren. • Auf zwei Bowls aufteilen und mit den beiseitegelegten Bananenscheiben belegen. Zum Schluss mit **Blaubeeren** und **Buchweizen-Schoko-Knusper** toppen.

Joghurt-Chia-Bowl

vegetarisch, glutenfrei

ZUBEREITUNGSZEIT 10 MINUTEN PLUS MIND. 30 MINUTEN KÜHLZEIT

Für 2 Portionen
5 EL Chiasamen
200 ml ungesüßter Mandeldrink
1 TL Ahornsirup
½ TL Vanillemark
1 Prise gemahlener Zimt
100 g griechischer Naturjoghurt (2 %)
200 g TK-Himbeeren
½ TL abgeriebene Biolimettenschale
1 TL Honig
50 g frische Himbeeren
2 TL Ruckzuck-Granola (siehe Seite 71)

Die **Chiasamen** mit **Mandeldrink, Ahornsirup, Vanillemark, Zimt** und **Joghurt** in einer Schüssel verrühren. In den Kühlschrank stellen und mindestens 30 Minuten (bis zu 24 Stunden) quellen lassen, dabei in den ersten 10 Minuten ab und zu umrühren. • Die **Himbeeren** auftauen lassen. Mit einer Gabel etwas zerdrücken, die **Limettenschale** untermischen, mit dem **Honig** süßen und unter die Chiamischung rühren. • Zum Schluss mit frischen **Himbeeren** und **Granola** toppen.

Grüne Matcha-Bowl*

Blaubeer-Bowl**

Joghurt-Chia-Bowl***

* Nährwerte pro Portion: 293 kcal
KH 20 g, F 16 g, EW 16 g
** Nährwerte pro Portion: 160 kcal
KH 23 g, F 3 g, EW 4 g
*** Nährwerte pro Portion: 238 kcal
KH 15 g, F 12 g, EW 10 g

TIPP Dazu schmeckt mein Schoko-Hummus (siehe Seite 75), nach Belieben mit Banane belegt und mit Kakaonibs bestreut.

KNUSPRIGES

Haferbrot

Ich liebe Haferflocken und wollte unbedingt ein leckeres Brot daraus backen. Allerdings wird Brot aus Haferflocken sehr schnell schwer und trocken. Die Lösung: Haferkleie! Damit bleibt das Brot innen saftig und wird außen richtig schön knusprig. Geschmacklich ist es sehr mild und schmeckt sowohl zu einem knackigen Salat als auch mit einem süßen Aufstrich.

vegetarisch, laktosefrei, glutenfrei

**ZUBEREITUNGSZEIT
15 MINUTEN PLUS 60 MINUTEN RUHEZEIT UND CA. 70 MINUTEN BACKZEIT**

Für 1 Brot
1 Pck. Trockenhefe
1 EL Honig
150 g Reismehl
120 g glutenfreie Haferkleie
150 g glutenfreie gemahlene Haferflocken
50 g Buchweizenmehl
2 TL Salz
2 EL Apfelessig
2 EL Olivenöl
1 EL glutenfreie zarte oder kernige Haferflocken
Außerdem
Kastenform (18 cm Länge)

Die **Trockenhefe** in einem hohen Gefäß mit 100 ml handwarmem Wasser und **Honig** vermischen. 10 Minuten stehen lassen, um die Hefe zu aktivieren. • Das **Reismehl** mit **Haferkleie,** gemahlenen **Haferflocken, Buchweizenmehl** und **Salz** in einer großen Rührschüssel vermengen. • Die Hefemischung dazugeben, dann **Apfelessig, Olivenöl** und 400 ml handwarmes Wasser dazugießen und alles mit den Knethaken des Handrührgeräts kneten, bis sich der Teig vom Schüsselrand löst. • Abdecken und an einem warmen Ort 60 Minuten gehen lassen, bis sich das Teigvolumen merklich vergrößert hat. • Inzwischen den Backofen auf 170 °C Ober-/Unterhitze vorheizen. Die Kastenform mit Backpapier auslegen. • Den Teig in die vorbereitete Form füllen und glatt streichen. Mit den zarten oder kernigen **Haferflocken** bestreuen und im vorgeheizten Ofen etwa 70 Minuten backen, bis das Brot goldbraun und fest ist. • Herausnehmen und das Haferbrot vor dem Anschneiden auf einem Kuchengitter vollständig auskühlen lassen.

Nährwerte pro Scheibe (à 50 g): 179 kcal • KH 28 g, F 4 g, EW 5 g

Kirsch-Quarkcreme*

vegetarisch, glutenfrei

ZUBEREITUNGSZEIT 3 MINUTEN

Für 4 Portionen
250 g Magerquark
100 ml ungesüßter Mandeldrink
1 EL Honig
½ TL Vanillemark
200 g TK-Kirschen, aufgetaut

Den **Quark** mit **Mandeldrink, Honig** und **Vanillemark** in einer Schüssel glatt rühren und die **Kirschen** unterheben. Fertig! – Im Kühlschrank lässt sich die Quarkcreme bis zu 3 Tage aufbewahren.

TIPP Die Quarkcreme lässt sich wunderbar mit etwas Zimt oder geriebener Limettenschale verfeinern und ist eine leckere Ergänzung zu Pancakes oder einer Schale Porridge.

Mangosauce**

vegan, laktosefrei, glutenfrei

ZUBEREITUNGSZEIT 5 MINUTEN

Für 4 Portionen
1 Mango (alternativ 250 g TK-Ware, aufgetaut)
1 TL Ahornsirup
1 TL Limettensaft

Die **Mango** schälen und das Fruchtfleisch würfeln. Mit **Ahornsirup** und **Limettensaft** in den Standmixer geben und fein pürieren. Alternativ den Stabmixer verwenden.

Blaubeerkonfitüre ohne Zucker***

vegetarisch, laktosefrei, glutenfrei

ZUBEREITUNGSZEIT 15 MINUTEN

Für 4–6 Portionen
250 g TK-Blaubeeren
1 EL Zitronensaft
1 EL Honig
½ TL Agar-Agar

Die **Blaubeeren** mit **Zitronensaft** und **Honig** in einen Topf geben, zum Kochen bringen und 10 Minuten bei niedriger Hitze köcheln lassen, bis die Blaubeeren zerfallen sind. • Das **Agar-Agar** unterrühren und bei hoher Hitze 3 Minuten sprudelnd kochen. Blaubeerkonfitüre in ein Marmeladenglas füllen und auskühlen lassen.

* Nährwerte pro Portion: 93 kcal • KH 13 g, F 1 g, EW 8 g ** Nährwerte pro Portion: 81 kcal • KH 18 g, F 1 g, EW 1 g *** Nährwerte bei 6 Portionen pro Portion: 25 kcal • KH 5 g, F 0 g, EW 0 g

Buchweizen-Schoko-Knusper*

vegan, laktosefrei, glutenfrei

ZUBEREITUNGSZEIT 7 MINUTEN PLUS CA. 10 MINUTEN BACKZEIT

Für 4–6 Portionen

100 g Buchweizen
50 g Mandelstifte
25 ml Kokosöl
10 ml Ahornsirup
½ TL gemahlener Zimt
1 Prise Salz
1 EL Kakaopulver
2 EL Kakaonibs

Den Backofen auf 180 °C Ober-/Unterhitze vorheizen. Ein Backblech mit Backpapier auslegen. • **Buchweizen** und **Mandeln** in eine große Schüssel geben. • Das **Kokosöl** mit dem **Ahornsirup** in einem kleinen Topf schmelzen. **Zimt, Salz** und **Kakaopulver** unterrühren, über die Zutaten in der Schüssel träufeln und alles gut vermengen. • Die Buchweizenmischung auf dem vorbereiteten Backblech verteilen und im vorgeheizten Ofen etwa 10 Minuten goldbraun und knusprig backen. Aufpassen, dass die Mandeln nicht zu dunkel werden! • Herausnehmen, gut auskühlen lassen und dann die **Kakaonibs** untermischen. – In einer luftdicht schließenden Dose hält sich der Buchweizen-Schoko-Knusper bis zu 4 Wochen.

Ruckzuck-Granola**

vegan, laktosefrei, glutenfrei

ZUBEREITUNGSZEIT 10–12 MINUTEN

Für 4 Portionen

20 g Mandeln
20 g Walnüsse
1 TL Kokosöl
1 TL Ahornsirup
50 g glutenfreie zarte oder kernige Haferflocken
20 g Kokoschips
1 Prise gemahlener Zimt

Mandeln und **Walnüsse** grob hacken. • Das **Kokosöl** in einer großen Pfanne erhitzen. Mandeln und Walnüsse mit den restlichen **Zutaten** in die Pfanne geben und bei mittlerer Hitze 8–10 Minuten knusprig rösten, dabei öfter umrühren. • Das Granola auskühlen lassen und dann als Topping für Porridge oder Bowls verwenden.

Protein-Sprinkle***

vegan, laktosefrei, glutenfrei

ZUBEREITUNGSZEIT 5 MINUTEN

Für 4–6 Portionen

30 g Hanfsamen
50 g Leinsamen
50 g Kürbiskerne
30 g Mandeln
20 g Chiasamen

Alle **Zutaten** in den Blitzhacker geben und in Intervallen kurz hacken. Dann in ein luftdicht verschließbares Glas füllen. – Das Protein-Sprinkle lässt sich bis zu 1 Woche aufbewahren.

* Nährwerte bei 6 Portionen pro Portion: 166 kcal • KH 15 g, F 10 g, EW 4 g ** Nährwerte pro Portion (à 30 g): 155 kcal • KH 9 g, F 11 g, EW 4 g *** Nährwerte bei 6 Portionen pro Portion (à 30 g): 161 kcal • KH 1 g, F 13 g, EW 8 g

Low-Carb-Brot

MIT ZUCCHINI UND QUARK

Dieses Brot war ein Experiment, das sofort geglückt ist und mich absolut begeistert hat. Das Brot ist innen unglaublich saftig und schmeckt leicht nussig. Der Teig wirkt zu Beginn etwas flüssig, dickt aber durch die Flohsamenschalen ganz schnell an. Falls das Brot beim Backen zu dunkel wird, deckst du es am besten mit einem Stück Alufolie ab.

vegetarisch, glutenfrei

ZUBEREITUNGSZEIT
12 MINUTEN PLUS
75–80 MINUTEN BACKZEIT

Für 1 Brot
150 g gemahlene Leinsamen
100 g gemahlene Mandeln
30 g Flohsamenschalen
1 Pck. Backpulver
5 g Salz
250 g Magerquark
1 EL Apfelessig
4 Eier (Größe M)
1 TL Zitronensaft
1 Zucchini
1 EL ganze Leinsamen
2 EL Kürbiskerne

Den Backofen auf 175 °C Ober-/Unterhitze vorheizen. Ein Backblech mit Backpapier auslegen. • Die gemahlenen **Leinsamen** mit **Mandeln, Flohsamenschalen, Backpulver** und **Salz** in einer Rührschüssel vermischen. • **Quark** mit **Apfelessig, Eiern** und **Zitronensaft** in einer anderen Schüssel glatt rühren. • Die **Zucchini** waschen, grob reiben, dann in ein Küchentuch geben und gut ausdrücken, damit die Flüssigkeit austritt. • Quarkmischung und Zucchini zu den trockenen Zutaten geben und alles gut vermischen. Der Teig wirkt zunächst sehr feucht, dickt aber sofort an. • Mit den Händen auf das vorbereitete Backblech geben, zu einem Brotlaib formen und mit **Leinsamen** und **Kürbiskernen** bestreuen. Im vorgeheizten Ofen auf der mittleren Schiene 75–80 Minuten backen. • Herausnehmen und das Low-Carb-Brot vor dem Anschneiden auf einem Kuchengitter vollständig auskühlen lassen.

Nährwerte pro Scheibe (à 50 g): 102 kcal • KH 1 g, F 7 g, EW 7 g

TIPP Dazu passt mein veganer Aufstrich (siehe Seite 75) perfekt. – Wer mag, kann noch Gewürze wie gemahlenen Koriander, Kreuzkümmel oder Kümmelsamen unter den Teig mischen. Leinsamen kann man übrigens auch selbst im Standmixer frisch mahlen.

* Nährwerte pro Portion: 157 kcal
KH 15 g, F 8 g, EW 5 g
** Nährwerte bei 6 Portionen pro
Portion: 53 kcal • KH 6 g, F 1 g, EW 3 g
*** Nährwerte pro Portion: 95 kcal
KH 7 g, F 1 g, EW 15 g

Schoko-Hummus

vegan, laktosefrei, glutenfrei

ZUBEREITUNGSZEIT 5 MINUTEN

Für 4 Portionen
240 g Kichererbsen aus der Dose (Abtropfgewicht)
125 ml ungesüßter Mandeldrink (eventuell etwas mehr)
30 ml Ahornsirup
40 g Kakaopulver
1 EL geschmolzenes Kokosöl
1 Prise gemahlener Zimt
1 Prise gemahlene Vanille
2 TL Kakaonibs (optional)

Die **Kichererbsen** in ein Sieb abgießen und unter fließendem kaltem Wasser gut abspülen. • In den Blitzhacker geben, **Mandeldrink** und **Ahornsirup** hinzufügen und zu einer Creme verarbeiten. **Kakaopulver** und **Kokosöl** dazugeben und pürieren, bis die Konsistenz cremig ist. Eventuell noch etwas mehr **Mandeldrink** hinzufügen. • Den Schoko-Hummus mit **Zimt** und **Vanille** würzen und nach Belieben mit den **Kakaonibs** garnieren.

Veganer Aufstrich

vegan, laktosefrei, glutenfrei

ZUBEREITUNGSZEIT 20 MINUTEN

Für 4–6 Portionen
2 rote Paprika
40 g getrocknete Tomaten
1 Knoblauchzehe (optional)
½ rote Chilischote
200 g Seidentofu
2 EL Tomatenmark
20 g gemischte Kräuter (z. B. Basilikum, Thymian, Rosmarin, Petersilie)
1 Spritzer Zitronensaft
Salz
frisch gemahlener schwarzer Pfeffer

Den Backofen mit Grillfunktion vorheizen. • Die **Paprika** waschen, vierteln, entkernen und mit den Schnittflächen nach unten auf ein Backblech legen. • Im vorgeheizten Ofen 8–10 Minuten grillen, bis die Paprikahaut schwarz wird und Blasen wirft. Auskühlen lassen. • Inzwischen die **Tomaten** fein hacken. Die **Knoblauchzehe,** falls verwendet, schälen und fein hacken. Die **Chili** waschen, entkernen und ebenfalls fein hacken. Den **Tofu** abgießen und alles mit dem **Tomatenmark** in den Blitzhacker oder Standmixer geben. • Die Paprikaviertel enthäuten und ebenfalls in den Mixer geben. Zu einer glatten Creme pürieren und in eine Schale füllen. • **Kräuter** sehr fein hacken, unter die Creme rühren und den Aufstrich mit **Zitronensaft, Salz** und **Pfeffer** abschmecken.

Goldener Kurkumaquark

vegetarisch, glutenfrei

ZUBEREITUNGSZEIT 5 MINUTEN

Für 4 Portionen
500 g Magerquark
2 TL gemahlene Kurkuma
1 Prise Currypulver
1 TL Ahornsirup
Salz
frisch gemahlener schwarzer Pfeffer
½ Pck. Gartenkresse

Den **Quark** mit **Kurkuma, Currypulver, Ahornsirup** und 100 ml Wasser in einer Schüssel glatt rühren. • Mit **Salz** und **Pfeffer** würzen, die **Kresse** abschneiden und über den Kurkumaquark streuen.

Körner-Nussbrot

Dieses Brot habe ich in einer ähnlichen Variante vor ein paar Jahren bei einer Freundin gegessen und war sofort begeistert. Durch die Nüsse ist es sehr reichhaltig und macht schon in kleinen Mengen satt. Dafür schmeckt es so gut, dass ich es auch ganz ohne Belag snacke. Perfekt für unterwegs!

vegan, laktosefrei, glutenfrei

VORBEREITUNGSZEIT 5 MINUTEN PLUS 60 MINUTEN RUHEZEIT UND CA. 60 MINUTEN BACKZEIT

Für 1 Brot
130 g Sonnenblumenkerne
100 g Kürbiskerne
45 g Mandeln
30 g Haselnüsse
50 g geschrotete Leinsamen
20 g Chiasamen
3 EL Sesamsamen
2 EL gemahlene Flohsamenschalen
150 g glutenfreie zarte oder kernige Haferflocken
1 TL Salz
Außerdem
Kastenform (18 cm Länge)

Den Backofen auf 175 °C Ober-/Unterhitze vorheizen. Die Kastenform mit Backpapier auslegen. • Alle **Zutaten** in eine große Rührschüssel geben und vermengen. 400 ml kaltes Wasser dazugießen, mit einem Löffel gut durchmischen und den Teig in die vorbereitete Kastenform füllen. Abdecken und 60 Minuten ruhen lassen. • Die Kastenform in den vorgeheizten Ofen schieben und etwa 60 Minuten backen, bis das Brot hohl klingt, wenn man daraufklopft. • Herausnehmen und das Körner-Nussbrot vor dem Anschneiden auf einem Kuchengitter vollständig auskühlen lassen.

Nährwerte pro Scheibe (à 50 g): 253 kcal • KH 10 g, F 18 g, EW 11 g

TIPP Dazu schmeckt der Kurkumaquark (siehe Seite 75) fantastisch!

Mandel-Hirse-
Porridge*

Protein-Power-
porridge**

Goldener
Quinoa-Porridge***

* Nährwerte pro Portion: 268 kcal
KH 39 g, F 8 g, EW 7 g
** Nährwerte pro Portion: 381 kcal
KH 28 g, F 20 g, EW 17 g
*** Nährwerte pro Portion: 311 kcal
KH 40 g, F 11 g, EW 11 g

Mandel-Hirse-Porridge

vegan, laktosefrei, glutenfrei

ZUBEREITUNGSZEIT 10 MINUTEN PLUS 10 MINUTEN QUELLZEIT

Für 2 Portionen
80 g Hirse
400 ml ungesüßter Mandeldrink
2 Kardamomkapseln
2 Anissterne
1 Prise Salz
1 Prise gemahlener Zimt
150 g frisches Obst nach Wahl
2 TL Ruckzuck-Granola (siehe Seite 71)

Die **Hirse** in ein feines Sieb geben und unter fließendem kaltem Wasser abspülen. • In einen kleinen Topf geben, **Mandeldrink, Kardamomkapseln, Anissterne, Salz** und **Zimt** unterrühren und aufkochen. 5 Minuten unter gelegentlichem Rühren köcheln lassen, dabei aufpassen, dass die Hirse nicht überkocht. • Die Hitze auf niedrigste Stufe reduzieren und die Hirse abgedeckt 10 Minuten quellen lassen. • Kardamomkapseln und Anissterne entfernen. Das **Obst** waschen, eventuell schälen, klein schneiden und über den Porridge geben. Das **Granola** darüberstreuen und warm genießen.

Protein-Powerporridge

vegetarisch, glutenfrei

ZUBEREITUNGSZEIT 12–15 MINUTEN

Für 2 Portionen
80 g glutenfreie kernige Haferflocken (alternativ Quinoa- oder Amaranthflocken)
2 EL geschrotete Leinsamen
2 TL geschälte Hanfsamen
200 ml ungesüßter Mandeldrink
1 TL gemahlener Zimt
1 Prise Salz
2 EL Mandelmus
100 g griechischer Naturjoghurt (2 %)
2 TL Gojibeeren, Blaubeeren oder Cashews zum Toppen

Haferflocken, Leinsamen und **Hanfsamen** in einen kleinen Topf geben und etwa 5 Minuten unter Rühren anrösten. • **Mandeldrink** und 200 ml Wasser unter Rühren dazugießen, zum Kochen bringen und bei mittlerer Hitze 5 Minuten köcheln lassen. Dabei immer wieder umrühren. • Den **Zimt** hinzugeben und mit dem **Salz** abschmecken. Vom Herd nehmen, **Mandelmus** und **Joghurt** unterrühren. Porridge mit **Topping** nach Wahl bestreuen und warm genießen.

Goldener Quinoa-Porridge

vegan, laktosefrei, glutenfrei

ZUBEREITUNGSZEIT 5 MINUTEN PLUS 15 MINUTEN GARZEIT

Für 2 Portionen
80 g Quinoa
350 ml Kokosdrink
1½ TL gemahlene Kurkuma
1 TL gemahlener Zimt
1 TL Ahornsirup
1 kleine Prise frisch gemahlener schwarzer Pfeffer
150 g frisches Obst (z. B. Birne)
25 g Mandeln
1 TL Protein-Sprinkle (siehe Seite 71)

Quinoa in ein feines Sieb geben und unter fließendem kaltem Wasser gut abspülen. In einen Topf geben, **Kokosdrink, Kurkuma** und **Zimt** unterrühren und zum Kochen bringen. Bei niedriger Hitze 15 Minuten köcheln lassen. • **Ahornsirup** und **Pfeffer** unterrühren und den Porridge in zwei Schalen geben. • **Obst** waschen, eventuell schälen und klein schneiden. Die **Mandeln** grob hacken. • Porridge mit dem Obst belegen und mit gehackten Mandeln und **Protein-Sprinkle** bestreuen.

Snacks

FÜR ZWISCHENDURCH

Hummus-Balls

vegan, laktosefrei, glutenfrei

ZUBEREITUNGSZEIT 10 MINUTEN

Für 12 Stück
100 g Kichererbsen aus der Dose (Abtropfgewicht)
50 g Mandeln
15 g Sonnenblumenkerne
15 g Sesamsamen
1 EL Tahini (Sesampaste)
1 TL gemahlener Kreuzkümmel
½ TL Salz
je 2 TL schwarze und helle Sesamsamen

Die **Kichererbsen** in ein Sieb abgießen und unter fließendem kaltem Wasser abspülen. • Mit **Mandeln, Sonnenblumenkernen** und **Sesam** in den Blitzhacker geben und sehr fein pürieren. **Tahini, Kreuzkümmel** und **Salz** dazugeben und glatt mixen. • Mit den Händen etwa zwölf walnussgroße Kugeln formen. Falls die Masse zu trocken ist, 1–2 EL Wasser unterrühren. Zum Schluss die Hummus-Balls in den **Sesamsamen** wälzen. – Im Kühlschrank aufbewahren.

BBQ-Balls

vegan, laktosefrei, glutenfrei

ZUBEREITUNGSZEIT 12 MINUTEN

Für 12 Stück
100 g weiße Cannellini-Bohnen aus der Dose (Abtropfgewicht)
40 g getrocknete Tomaten
200 g Rauchmandeln
½ TL getrockneter Oregano
1 Prise Chilipulver
½ TL Rauchpaprika
1 EL glutenfreie Sojasauce (Tamari)
Salz
frisch gemahlener schwarzer Pfeffer

Die **Bohnen** in ein Sieb abgießen, unter fließendem kaltem Wasser abspülen und abtropfen lassen. • Die **Tomaten** grob hacken. Bohnen, Tomaten, 170 g **Rauchmandeln, Oregano, Chilipulver, Rauchpaprika** und **Sojasauce** in den Blitzhacker geben und mixen, bis alle Zutaten gut vermischt sind. • Mit **Salz** und **Pfeffer** würzen und aus der Masse mit den Händen etwa zwölf walnussgroße Kugeln formen. • Restliche **Rauchmandeln** sehr fein hacken und die BBQ-Balls darin wälzen. – Im Kühlschrank aufbewahren.

Hirse-Curry-Snack

vegan, laktosefrei, glutenfrei

ZUBEREITUNGSZEIT 12 MINUTEN PLUS CA. 15 MINUTEN GARZEIT

Für 12 Stück
50 g Hirse
2 Möhren
1 TL Currypulver
2 EL gemahlene Leinsamen
1 TL Tahini (Sesampaste)
1 TL gemahlene Kurkuma
Salz
frisch gemahlener schwarzer Pfeffer

Die **Hirse** nach Packungsanleitung kochen und auskühlen lassen. • Die **Möhren** schälen und grob raspeln. Hirse und Möhren mit **Currypulver, Leinsamen, Tahini** und **Kurkuma** in den Blitzhacker geben und mixen, bis alle Zutaten gut vermischt sind. • Mit **Salz** und **Pfeffer** würzen und aus der Masse mit den Händen etwa zwölf walnussgroße Kugeln formen. – Im Kühlschrank aufbewahren.

* Nährwerte pro Stück: 58 kcal • KH 1 g, F 5 g, EW 2 g ** Nährwerte pro Stück: 121 kcal • KH 3 g, F 9 g, EW 5 g *** Nährwerte pro Stück: 27 kcal • KH 4 g, F 1 g, EW 1 g

TIPP Das Süßkartoffel-Maisbrot eignet sich hervorragend zum Einfrieren.

Süßkartoffel-Maisbrot

vegetarisch, glutenfrei

ZUBEREITUNGSZEIT
15 MINUTEN PLUS
20–25 MINUTEN GARZEIT UND
40–45 MINUTEN BACKZEIT

Für 1 Brot

450 g Süßkartoffeln (ergibt 300 g Püree)
½ TL Kokosöl zum Einfetten
140 g Polenta (Maisgrieß) plus etwas mehr zum Bestreuen
140 g Maiskörner aus der Dose (Abtropfgewicht)
125 g feines Maismehl
3 TL Backpulver
½ TL Salz
1 TL Natron
1 Prise geriebene Muskatnuss
1 EL Kokosblütenzucker
2 Eier (Größe M)
180 g griechischer Naturjoghurt (2 %)
4 EL Rapsöl
100 ml ungesüßter Mandeldrink

Außerdem

rechteckige flache Backform (ca. 26 × 20 cm)

Die **Süßkartoffeln** schälen, grob in Stücke schneiden und in einen Topf geben. Knapp mit Wasser bedecken, aufkochen und 20–25 Minuten köcheln lassen, bis die Süßkartoffeln weich sind. Abgießen, abkühlen lassen, dann zu einem Püree zerstampfen. • Inzwischen den Backofen auf 180 °C Ober-/Unterhitze vorheizen. Die Backform mit **Kokosöl** einfetten und mit **Polenta** ausstreuen. • Die **Maiskörner** in ein Sieb abgießen, unter fließendem kaltem Wasser abspülen und abtropfen lassen. • **Polenta, Maismehl, Backpulver, Salz, Natron, Muskatnuss** und **Kokosblütenzucker** in eine Schüssel geben und vermischen. • In einer anderen Schüssel die **Eier** mit **Joghurt, Rapsöl** und **Mandeldrink** verquirlen. 300 g Süßkartoffelpüree dazugeben und unterrühren. • Die Eiermasse zur Mehlmischung geben und alles zu einem glatten Teig verrühren. Maiskörner unter den Teig heben, in die vorbereitete Backform füllen und im vorgeheizten Ofen 40–45 Minuten goldbraun backen. • Herausnehmen und leicht abkühlen lassen. Dann aus der Form heben, das Süßkartoffel-Maisbrot auf einem Kuchengitter vollständig auskühlen lassen und in Stücke schneiden. – Luftdicht verpackt bleibt das Maisbrot 3 Tage frisch.

Nährwerte pro Scheibe (à 50 g): 90 kcal • KH 13 g, F 3 g, EW 3 g

Quinoa-Brezeln

vegetarisch, laktosefrei

ZUBEREITUNGSZEIT 15 MINUTEN PLUS 20 MINUTEN BACKZEIT

Für 14 Stück

180 g Dinkelmehl (Type 630) plus etwas mehr zum Bestäuben
180 g Quinoamehl
½ TL Backpulver
½ TL Salz
3 Eigelb (Größe M)
60 ml Olivenöl
180 ml handwarmer ungesüßter Mandeldrink
1 Ei (Größe M)
1–2 TL Quinoa oder grobes Meersalz zum Bestreuen

Den Backofen auf 180 °C Ober-/Unterhitze vorheizen. Ein Backblech mit Backpapier auslegen. • Beide **Mehlsorten** mit **Backpulver** und **Salz** in eine Rührschüssel geben und vermischen. **Eigelb, Olivenöl** und **Mandeldrink** dazugeben und alles mit den Knethaken des Handrührgeräts oder in einer Küchenmaschine zu einem glatten Teig kneten. Auf einer **bemehlten** Arbeitsfläche nochmals mit den Händen durchkneten. • Dann etwa golfballgroße Portionen Teig mit den Händen zu etwa 1 cm dünnen Strängen ausrollen – sie sollten an den Enden etwas dünner als in der Mitte sein. Die Enden überkreuzen, umdrehen, auf der Teigrolle festdrücken und auf das vorbereitete Backblech legen. • Das **Ei** verquirlen, die Teigbrezeln damit einstreichen. Mit **Quinoa** oder **Meersalz** bestreuen. Im vorgeheizten Backofen etwa 20 Minuten goldbraun und knusprig backen. • Herausnehmen und die Brezeln auf Kuchengittern auskühlen lassen.

Kernige Kräutercracker

vegan, laktosefrei, glutenfrei

ZUBEREITUNGSZEIT 8 MINUTEN PLUS 10 MINUTEN QUELLZEIT UND 45 MINUTEN BACKZEIT

Für ca. 16 Stück

100 g Leinsamen
40 g Chiasamen
80 g Sesamsamen
100 g Sonnenblumenkerne
60 g Kürbiskerne
50 g Reismehl
1 TL Natron
1 TL Salz
2 EL Rapsöl
je 1 TL getrockneter Thymian, Rosmarin, Oregano und Basilikum (oder andere getrocknete Kräuter)

Leinsamen und **Chiasamen** in eine große Schüssel geben, 250 ml Wasser dazugießen und 10 Minuten quellen lassen. Dabei gelegentlich umrühren. • Währenddessen den Backofen auf 180 °C Ober-/Unterhitze vorheizen. Ein Backblech mit Backpapier auslegen. • Restliche **Zutaten** in die Schüssel geben und alles zu einem klebrigen Teig verkneten. • Den Teig auf das vorbereitete Backblech geben. Einen zweiten Bogen Backpapier darauflegen und mit dem Nudelholz etwa 2 mm dünn ausrollen. • Das obere Backpapier abziehen, das Blech in den vorgeheizten Ofen schieben und 45 Minuten backen, bis die Cracker knusprig sind. • Herausnehmen und noch warm in gleichmäßig große Rechtecke schneiden. – Luftdicht aufbewahrt, halten sich die Kräutercracker bis zu 2 Wochen.

* Quinoa-Brezel mit Quinoa: Nährwerte pro Stück: 153 kcal • KH 17 g, F 7 g, EW 5 g Mit Meersalz: 150 kcal • KH 17 g, F 7 g, EW 4 g
** Nährwerte pro Stück: 155 kcal • KH 4 g, F 12 g, EW 6 g

Quinoa-Brezeln*

Kernige Kräutercracker**

TIPP Wenn du kein Quinoamehl bekommst, kannst du es selbst herstellen: Quinoa dafür in einem feinen Sieb gut waschen und wieder komplett trocknen lassen. Dann einfach im Mixer auf höchster Stufe zu feinem Mehl mahlen.

ZUM Mitnehmen UND VORBEREITEN

TO GO

Roher Brokkolisalat

MIT CHAMPIGNONS UND EASY-ERDNUSSSAUCE

Dass man Brokkoli roh essen kann, wusste ich lange Zeit nicht. Erst als ich in den USA auf einer Rohkostplatte rohen Brokkoli entdeckt habe, gab ich der Sache eine Chance. Seitdem knabbere ich ihn sehr gern zwischendurch mit cremigen Dips. So entstand die Idee zu diesem Salat aus rohem Brokkoli und einer supercremigen, ganz einfachen Erdnusssauce.

vegan, laktosefrei, glutenfrei

ZUBEREITUNGSZEIT
15 MINUTEN

Für 2 Portionen
1 Brokkoli
5 große Champignons
5 g frischer Ingwer
70 g ungesüßte Erdnussbutter
4 EL glutenfreie Sojasauce (Tamari)
1 EL Limettensaft
50 ml Kokosmilch
½ TL Chiliflocken (optional)
2 EL Erdnüsse

Den **Brokkoli** waschen und mit einem großen Messer in feine Röschen hacken. Die **Champignons** putzen und in dünne Scheiben schneiden. Beides in eine Schüssel geben. • Den **Ingwer** schälen und fein hacken, dann mit **Erdnussbutter, Sojasauce, Limettensaft, Kokosmilch** und 50 ml Wasser in den Blitzhacker geben und mehrere Sekunden zu einer cremigen Sauce mixen. Wer es etwas schärfer mag, gibt noch die **Chiliflocken** hinzu. • Die Sauce über das Gemüse in der Schüssel geben und vermischen. Die **Erdnüsse** hacken und über den Brokkolisalat streuen.

TIPP Wer den Brokkoli nicht roh essen möchte, gibt ihn wenige Sekunden in kochendes Wasser und schreckt ihn dann in eiskaltem Wasser ab. So wird er etwas weicher.

Nährwerte pro Portion: 389 kcal • KH 11 g, F 28 g, EW 23 g

easy.

Süßkartoffel-Quinoa-Bratlinge

MIT RAUCHPAPRIKA-SALSA

Die Bratlinge esse ich als Frühstück, nehme sie mittags mit oder kombiniere sie abends mit einem Salat.

vegan, laktosefrei, glutenfrei

ZUBEREITUNGSZEIT
15 MINUTEN PLUS 12 MINUTEN GARZEIT UND 20 MINUTEN BRATZEIT

Für 2 Portionen

Für die Salsa

1 rote Paprika
1 grüne Paprika
1 TL Rauchpaprika
½ TL gemahlener Kreuzkümmel
2 EL Olivenöl
1 EL weißer Balsamico-Essig
Salz
frisch gemahlener schwarzer Pfeffer

Für die Bratlinge (ergibt 12 Stück)

120 g bunte Quinoa
1 kleine Süßkartoffel
3 Stängel glatte Petersilie
1 Frühlingszwiebel
½ TL Garam Masala
3 EL Kichererbsenmehl (alternativ Reis- oder Buchweizenmehl)
Salz
1 EL Rapsöl oder Kokosöl zum Braten

Für die Salsa beide **Paprika** waschen, entkernen und fein würfeln. In eine Schüssel geben und mit **Rauchpaprika** und **Kreuzkümmel** würzen. • **Olivenöl** und **Balsamico-Essig** darüberträufeln und gut vermischen. Mit **Salz** und **Pfeffer** abschmecken und die Salsa in eine Schale füllen. • Für die Bratlinge **Quinoa** in ein feines Sieb geben und unter fließendem kaltem Wasser abspülen. Mit 250 ml Wasser in einen Topf geben, zum Kochen bringen und bei mittlerer Hitze 12 Minuten köcheln lassen. Abgießen und gut abtropfen lassen. • Inzwischen die **Süßkartoffel** schälen, klein würfeln und in kochendem Wasser 10 Minuten garen. Abgießen, in eine Schüssel geben und mit einer Gabel zerdrücken. • Die **Petersilie** fein hacken. **Frühlingszwiebel** putzen, fein hacken und beides zur Süßkartoffel geben. Quinoa, **Garam Masala, Kichererbsenmehl** und etwas **Salz** hinzufügen und alles zu einer dicken Masse vermischen. • Das **Rapsöl** in einer beschichteten Pfanne erhitzen. Portionsweise jeweils 2 EL Bratlingmasse in die Pfanne geben, etwas flach drücken und bei mittlerer Hitze etwa 4 Minuten braten. Erst wenden, wenn die Seite gut angebraten ist. Dann von der anderen Seite bei niedriger Hitze 5 Minuten gar ziehen lassen. • Die Bratlinge mit der Rauchpaprika-Salsa genießen.

Nährwerte pro Portion: 571 kcal • KH 77 g, F 21 g, EW 13 g

Spinat-Lauch-Suppe

Ein Rezept, bei dem ich mal wieder versucht habe, so viel Gemüse wie möglich zu verarbeiten. Die Suppe ist wirklich sehr reichhaltig und macht lange satt. Durch Avocado und Sellerie wird sie cremig, die Kombination aus Lauch und Spinat sorgt für einen Vitamin-Boost. Und wie bei jeder Suppe gehört auch hier natürlich ein knackiges Topping für mich dazu.

vegan, laktosefrei, glutenfrei

ZUBEREITUNGSZEIT
25 MINUTEN

Für 2 Portionen

300 g frischer Spinat
½ Lauchstange
¼ Knollensellerie
1 kleine Knoblauchzehe
1 TL Olivenöl
½ TL Senfkörner
½–1 TL abgeriebene Biozitronenschale
400 ml vegane Gemüsebrühe
½ Avocado
1 kleine Prise frisch geriebene Muskatnuss
Salz
frisch gemahlener schwarzer Pfeffer
1 Spritzer Zitronensaft
½ TL Hanfsamen
1 TL Kürbiskerne
etwas Gartenkresse zum Garnieren

Den **Spinat** waschen und abtropfen lassen. Den **Lauch** putzen und in Ringe schneiden. Den **Sellerie** schälen und würfeln. Die **Knoblauchzehe** schälen und hacken. • Das **Olivenöl** in einem Topf erhitzen. Lauch, Sellerie und Knoblauch mit **Senfkörnern** und **Zitronenschale** dazugeben und anrösten. • Mit der **Gemüsebrühe** aufgießen und etwa 10 Minuten kochen lassen, bis der Sellerie weich ist. Dann den Spinat dazugeben und einmal aufkochen, damit er zusammenfällt. • Inzwischen die **Avocado** entkernen und das Fruchtfleisch herauslöffeln. • Die Suppe mit der Avocado in den Standmixer geben und fein pürieren. Alternativ den Stabmixer verwenden. • Mit **Muskatnuss, Salz** und **Pfeffer** würzen und mit **Zitronensaft** abschmecken. Die Spinat-Lauch-Suppe in zwei tiefe Teller oder Schalen füllen und mit **Hanfsamen, Kürbiskernen** und **Kresse** bestreuen.

Nährwerte pro Portion: 232 kcal • KH 6 g, F 17 g, EW 9 g

Spitzkohlsalat

MIT MISO-DRESSING, APFEL UND EDAMAME

Ob roh oder gebraten: Ich bin ein großer Fan des Vitamin-C-reichen Spitzkohls. Dieser Salat erinnert durch Miso-Paste, Sesamöl und Sojasauce sowie durch die knackigen Edamame-Bohnen an die japanische Küche. Mit den gerösteten Cashews und frischen Apfelscheiben ist dieser Salat eine knackig-frische Geschmacksexplosion.

vegetarisch, laktosefrei, glutenfrei

ZUBEREITUNGSZEIT
15 MINUTEN

Für 2 Portionen
Für den Salat
30 g Cashews
2 EL glutenfreie Sojasauce (Tamari)
1 EL Ahornsirup
200 g ausgelöste TK-Edamame
½ Spitzkohl
1 Frühlingszwiebel
1 grüner Apfel
Für das Dressing
1 EL Reisessig
1 EL Honig
1 EL helle Miso-Paste (Shiro Miso)
1 EL Sesamöl
1 EL Limettensaft
Salz
frisch gemahlener schwarzer Pfeffer

Für den Salat die **Cashews** mit **Sojasauce** und **Ahornsirup** in einer Schale vermischen und in einer beschichteten Pfanne knusprig rösten. • Die **Edamame** in kochendem Wasser blanchieren, abgießen, in eiskaltem Wasser abschrecken und abtropfen lassen. • Den **Spitzkohl** waschen, in dünne Streifen hobeln und in eine Schüssel geben. Die **Frühlingszwiebel** putzen, in feine Ringe schneiden und dazugeben. • Für das Dressing **Reisessig, Honig, Miso-Paste, Sesamöl** und **Limettensaft** verrühren und über den Spitzkohl träufeln. Gut vermischen und am besten mit den Händen etwas durchkneten – so wird der Spitzkohl weicher. Mit **Salz** und **Pfeffer** würzen. • Den **Apfel** waschen, entkernen, in feine Spalten schneiden, mit den Edamame zum Spitzkohl geben und unterheben. • Den Spitzkohlsalat zum Schluss mit den Cashews bestreuen.

Nährwerte pro Portion: 408 kcal • KH 44 g, F 17 g, EW 22 g

Süßkartoffelsuppe

MIT BUCHWEIZENKROKANT

Wie man aus einer einfachen Suppe etwas Besonderes macht? Mit Gewürzen und Toppings! Knusprig gerösteter Buchweizen ist eines meiner liebsten Suppentoppings. Ich mache davon gern eine größere Menge und bewahre das Topping für Suppen, aber auch für Salate auf.

vegan, laktosefrei, glutenfrei

ZUBEREITUNGSZEIT
25 MINUTEN PLUS
15 MINUTEN GARZEIT

Für 2 Portionen

Für den Krokant
25 g Buchweizen
½ TL Kokosöl
1 Prise Paprikapulver
½ TL Ahornsirup

Für die Suppe
1 Süßkartoffel
1 kleine Zwiebel
5 g frischer Ingwer
1 TL Kokosöl
½ TL gemahlene Kurkuma
450 ml vegane Gemüsebrühe
50 ml Orangensaft
Salz
frisch gemahlener schwarzer Pfeffer
2 TL Kokosmilch
etwas Gartenkresse zum Garnieren

Für den Krokant den **Buchweizen** in einem feinen Sieb unter fließendem warmem Wasser gründlich waschen, abtropfen lassen und auf Küchenpapier sehr gut trocken tupfen. • Das **Kokosöl** in einer kleinen Pfanne erhitzen. Buchweizen hineingeben, mit dem **Paprikapulver** würzen und bei hoher Hitze gut im Kokosöl wenden. Mit dem **Ahornsirup** beträufeln und unter ständigem Rühren etwa 5 Minuten knusprig rösten. Den Buchweizenkrokant auf Backpapier erkalten lassen. • Für die Suppe die **Süßkartoffel** schälen und grob würfeln. **Zwiebel** und **Ingwer** schälen und hacken. • Das **Kokosöl** in einem Topf erhitzen. Süßkartoffeln, Zwiebeln und Ingwer darin 3 Minuten anrösten. Dann **Kurkuma** darüberstreuen, mit der **Gemüsebrühe** aufgießen, aufkochen und bei mittlerer Hitze 15 Minuten köcheln lassen, bis die Süßkartoffeln weich sind. • **Orangensaft** dazugeben und die Suppe im Standmixer oder mit dem Stabmixer fein pürieren. Mit **Salz** und **Pfeffer** abschmecken. • Die Süßkartoffelsuppe auf zwei tiefe Teller oder Schalen verteilen, mit je 1 TL **Kokosmilch** beträufeln und mit **Kresse** und knusprigem Buchweizenkrokant bestreuen.

Nährwerte pro Portion: 255 kcal • KH 44 g, F 6 g, EW 5 g

TO DO
Einkaufsliste

TIPP Ich liebe es, meine Salate mit frischer Kresse zu bestreuen. Kresse hat einen wahnsinnig hohen Eisen-, Calcium- und Vitamin-C-Gehalt. Es gibt sie in ganz unterschiedlichen Geschmacksrichtungen von der klassischen Gartenkresse bis zur japanischen Shiso-Kresse. Ein toller Vitamin- und Geschmackskick!

Spinatsalat

MIT TAHINI-DRESSING, LACHS UND DATTELN

Diesen Salat kenne ich so ähnlich aus meinem liebsten israelischen Restaurant. Der Clou sind die Datteln und das Tahini-Dressing, eine traumhafte Kombination aus süß und herb.

laktosefrei, glutenfrei

ZUBEREITUNGSZEIT
15 MINUTEN PLUS CA.
15 MINUTEN GARZEIT

Für 2 Portionen

Für den Salat
150 g Babyspinat
2 Stängel Minze
6 getrocknete entsteinte Datteln
30 g Granatapfelkerne
100 g grüne Bohnen
¼ Pck. Gartenkresse
1 EL Mandeln

Für den Lachs
200 g frisches Lachsfilet
Saft von ½ Zitrone
1 TL Paprikapulver
Salz
frisch gemahlener schwarzer Pfeffer
1 TL Olivenöl zum Braten

Für das Dressing
2 EL Tahini (Sesampaste)
1 EL glutenfreie Sojasauce (Tamari)
1 TL Zitronensaft
Salz
frisch gemahlener schwarzer Pfeffer

Für den Salat den **Spinat** waschen, trocken schütteln und in eine Schüssel geben. Die **Minzeblätter** abzupfen und dazugeben. Die **Datteln** halbieren und mit den **Granatapfelkernen** in die Schüssel geben. • Von den **Bohnen** die Enden sparsam abschneiden und Bohnen in kochendem Wasser 5 Minuten garen. In ein Sieb abgießen, mit kaltem Wasser abschrecken und abtropfen lassen. Dann ebenfalls zum Salat geben. • Das **Lachsfilet** mit dem **Zitronensaft** beträufeln und mit **Paprikapulver, Salz** und **Pfeffer** würzen. Das **Olivenöl** in einer Pfanne erhitzen. Den Lachs darin von beiden Seiten jeweils 2–3 Minuten scharf anbraten. • In der Zwischenzeit für das Dressing **Tahini, Sojasauce** und **Zitronensaft** mit 3 EL Wasser gut vermischen und mit **Salz** und **Pfeffer** abschmecken. Das Tahini-Dressing über den Salat träufeln und gut durchmischen. • Den Spinatsalat auf zwei Schalen aufteilen. Den gebratenen Lachs mit zwei Gabeln in Stücke zupfen und darauf verteilen. Zum Schluss die **Kresse** abschneiden, die **Mandeln** grob hacken und beides über den Salat streuen.

Nährwerte pro Portion: 319 kcal • KH 17 g, F 15 g, EW 25 g

Ruckzuck-Falafeln

MIT SAFRAN-JOGHURT-DIP

Traditionell werden Falafeln aus getrockneten Kichererbsen hergestellt, die erst lange einweichen und kochen müssen. Ich mache Falafeln deshalb aus vorgekochten Kichererbsen. Die Falafeln sind unglaublich vielseitig und schmecken pur mit Dip, als Salattopping oder einfach als Snack zwischendurch.

vegetarisch, glutenfrei

ZUBEREITUNGSZEIT
15 MINUTEN PLUS
25 MINUTEN BACKZEIT

Für ca. 20 Stück

Für die Falafeln

425 g Kichererbsen aus der Dose (Abtropfgewicht)
1 kleine Zwiebel
2 Stängel Petersilie
2 Stängel Koriander
3 EL glutenfreie gemahlene Haferflocken
1 TL gemahlener Kreuzkümmel
1 EL Tahini (Sesampaste)
1 EL Chiasamen
1 TL Backpulver
Salz
frisch gemahlener schwarzer Pfeffer
1 Stängel Minze
1 Stängel Dill

Für den Dip

1 Döschen Safranfäden
300 g Naturjoghurt (1,5 %)
1 Messerspitze Harissa-Paste
Salz
frisch gemahlener schwarzer Pfeffer

Den Backofen auf 180 °C Ober-/Unterhitze vorheizen. Ein Backblech mit Backpapier auslegen. • Für die Falafeln die **Kichererbsen** in ein Sieb abgießen, unter fließendem kaltem Wasser gut abspülen und abtropfen lassen. Die **Zwiebel** schälen und sehr fein hacken. • Die **Kräuter** hacken und mit Kichererbsen, Zwiebeln und **Haferflocken** in den Standmixer oder Blitzhacker geben. **Kreuzkümmel, Tahini, Chiasamen** und **Backpulver** hinzufügen und alles zu einer groben Masse mixen. Mit **Salz** und **Pfeffer** würzen. • Jeweils 1 gehäuften EL der Masse mit angefeuchteten Händen zu kleinen Falafeln formen. Auf das vorbereitete Backblech legen und im vorgeheizten Ofen 25 Minuten knusprig backen. • Inzwischen für den Dip den **Safran** in 2 EL heißem Wasser auflösen. Den **Joghurt** in eine Schale geben, Safran und **Harissa-Paste** unterrühren und mit **Salz** und **Pfeffer** abschmecken. • Die Falafeln aus dem Ofen nehmen, auf einen Teller geben, mit **Minze** und **Dill** garnieren und mit dem Dip genießen.

Nährwerte pro Stück (ohne Dip): 35 kcal • KH 4 g, F 1 g, EW 2 g

TIPP Die Falafeln schmecken auch kalt ausgezeichnet und halten sich im Kühlschrank 2 Tage.

Rote-Bete-Dinkel-Salat

MIT BLAUBEEREN

vegetarisch

ZUBEREITUNGSZEIT
10 MINUTEN PLUS CA.
15 MINUTEN GARZEIT

Für 2 Portionen
125 g schnellkochende Dinkelkörner
3 gekochte Rote Bete (vakuumverpackt)
80 g Feta
20 g Walnüsse
1 Bund Dill
150 g Blaubeeren
2 EL Olivenöl
2 EL Balsamico-Essig
1 Spritzer Zitronensaft
Salz
frisch gemahlener schwarzer Pfeffer

Den **Dinkel** nach Packungsanleitung gar kochen, abgießen und etwas abkühlen lassen. • Die **Roten Beten** in dünne Spalten schneiden. Den **Feta** zerbröseln. **Walnüsse** hacken, den **Dill** ebenfalls hacken. • Dinkelkörner mit den vorbereiteten Zutaten und den **Blaubeeren** in eine große Schüssel geben. • **Olivenöl, Balsamico-Essig** und **Zitronensaft** zu einer Vinaigrette verrühren. Über den Salat träufeln, gut mit **Salz** und **Pfeffer** würzen und vermischen.

TIPP Beim Kauf von Dinkel auf die Zubereitungszeit achten! Es gibt ihn wie Reis im Kochbeutel, dann braucht er nur 15 Minuten, um gar zu werden.

Nährwerte pro Portion: 621 kcal • KH 68 g, F 29 g, EW 19 g

JAPANISCHE Gemüsesuppe

Während meines Studiums habe ich in einem Sushi-Restaurant gearbeitet, in dem wir auch große bunte Nudelsuppen serviert haben. Ich war immer fasziniert von der Einfachheit dieser Suppen, denn im Grunde brauchst du nur eine gute Brühe und gibst frisches Gemüse und gekochte Nudeln hinein.

vegan, laktosefrei, glutenfrei

ZUBEREITUNGSZEIT
20 MINUTEN

Für 2 Portionen
80 g Soba-Nudeln
800 ml vegane Gemüsebrühe
1 EL helle Miso-Paste (Shiro Miso)
2 EL glutenfreie Sojasauce (Tamari) plus etwas mehr zum Abschmecken
1 EL Limettensaft
1 rote Paprika
50 g Brokkoli
100 g Tofu
4 Frühlingszwiebeln
2 EL Sesamsamen
2 Stängel Koriander

Die **Soba-Nudeln** nach Packungsanleitung kochen, abgießen und beiseitestellen. • Inzwischen die **Gemüsebrühe** in einen großen Topf geben. Die **Miso-Paste** darin auflösen, dann **Sojasauce** und **Limettensaft** dazugeben. • Die **Paprika** waschen, entkernen und in Streifen schneiden. Den **Brokkoli** waschen, in kleine Röschen schneiden, mit der Paprika in die Brühe geben und 5 Minuten köcheln lassen. • Währenddessen den **Tofu** in kleine Würfel schneiden. Die **Frühlingszwiebeln** putzen und in Ringe schneiden. Beides in den Topf geben und 3 Minuten kurz ziehen lassen. • Die Gemüsesuppe auf zwei Schalen verteilen. Die Nudeln hineingeben und mit dem **Sesam** bestreuen. Mit dem **Koriander** garnieren und mit **Sojasauce** zum Würzen servieren.

Nährwerte pro Portion: 330 kcal • KH 39 g, F 10 g, EW 17 g

Linsenwraps

MIT AVOCADOCREME

Diese Wraps bestehen aus ganzen Linsen, enthalten viel Eiweiß und haben eher die Konsistenz von Pfannkuchen. Du kannst sie natürlich mit allem füllen, was dir schmeckt.

vegan, laktosefrei, glutenfrei

ZUBEREITUNGSZEIT
15 MINUTEN PLUS MIND. 4 STUNDEN EINWEICHZEIT UND 20 MINUTEN BACKZEIT

Für 2 Portionen

Für die Wraps
180 g rote Linsen
Salz
frisch gemahlener schwarzer Pfeffer
1 TL Kokosöl zum Ausbacken

Für die Füllung
½ Salatgurke
1 Mini-Romanasalat
15 g Mandeln
1 große Tomate
1 Avocado
1 EL Limettensaft
Salz
frisch gemahlener schwarzer Pfeffer
2 EL Granatapfelkerne

Für die Wraps die **Linsen** in kaltem Wasser mindestens 4 Stunden einweichen. • Die Linsen in ein Sieb abgießen, abspülen, mit 230 ml frischem Wasser in den Standmixer geben und glatt pürieren – der Teig sollte dickflüssig wie Pfannkuchenteig sein. Mit **Salz** und **Pfeffer** würzen. • Das **Kokosöl** in einer beschichteten Pfanne erhitzen. Die Hälfte des Linsenteigs in die Pfanne geben und zu einem gleichmäßigen Pfannkuchen ausstreichen – das geht am besten mit der Rückseite eines Löffels. Bei mittlerer Hitze etwa 5 Minuten backen, dann wenden und weitere 5 Minuten fest werden lassen. Aus der Pfanne nehmen und auskühlen lassen. Den zweiten Wrap backen und ebenfalls auskühlen lassen. • Für die Füllung die **Gurke** längs halbieren, entkernen und in Streifen schneiden. Den **Romanasalat** waschen, trocken schütteln und in dünne Streifen schneiden. **Mandeln** grob hacken. Die **Tomate** waschen und entkernt in kleine Würfel schneiden. • Die **Avocado** halbieren, entkernen und das Fruchtfleisch herauslöffeln. In eine Schüssel geben und mit einer Gabel zerdrücken. Tomatenwürfel mit dem **Limettensaft** untermengen und mit **Salz** und **Pfeffer** abschmecken. • Avocadocreme auf den Linsenwraps verstreichen, Gurken- und Salatstreifen darauf verteilen, mit **Granatapfelkernen** und Mandeln bestreuen und zu Wraps aufrollen.

Nährwerte pro Portion: 607 kcal • KH 53 g, F 29 g, EW 29 g

TIPP Statt Linsen kann man auch Buchweizen verwenden. Wer Zeit sparen möchte, nimmt 150 g Linsenmehl statt Linsen. Das Linsenmehl mit dem Wasser verrühren, mit Salz und Pfeffer würzen und wie beschrieben fortfahren.

05/2019

MEIN ABSOLUTER

Lieblingssalat

MIT QUINOA

Das Rezept kenne ich schon seit Ewigkeiten, denn den Salat gibt es bei uns jeden Heiligabend zum Fondue. Im Kühlschrank hält er sich mehrere Tage und wird eigentlich mit jedem Tag noch besser.

vegan, laktosefrei, glutenfrei

ZUBEREITUNGSZEIT
30 MINUTEN PLUS EVTL.
30 MINUTEN RUHEZEIT

Für 4 Portionen

200 g Quinoa
1 Zucchini
1 rote Paprika
1 kleine Möhre
1 Zwiebel
200 g Erbsen (aufgetaute TK-Ware oder frisch gepalt)
125 g Maiskörner (aufgetaute TK-Ware oder frisch)
3 EL Apfelessig
3 EL Rapsöl
1 TL Limettensaft
1 Bund Schnittlauch
Salz
frisch gemahlener schwarzer Pfeffer

Quinoa nach Packungsanleitung kochen, abgießen und in eine große Schüssel geben. • Die **Zucchini** waschen und in etwa 5 mm feine Würfel schneiden. Die **Paprika** waschen, entkernen, ebenfalls fein würfeln und beides zur Quinoa geben. • Die **Möhre** schälen und auch in etwa 5 mm kleine Würfel schneiden. Etwas Wasser in einem kleinen Topf zum Kochen bringen. Die Möhrenwürfel hineingeben und etwa 3 Minuten kochen lassen. • Inzwischen die **Zwiebel** schälen, fein würfeln und mit den **Erbsen** in den Topf geben. Aufkochen, dann abgießen und zur Quinoa-Mischung geben. Zum Schluss die **Maiskörner** gut unterheben. • **Apfelessig, Rapsöl** und **Limettensaft** zu einer Vinaigrette verrühren. **Schnittlauch** fein hacken. Beides zum Salat geben und gut durchmengen. Mit **Salz** und **Pfeffer** abschmecken. Den Salat vor dem Genießen am besten 30 Minuten durchziehen lassen.

Nährwerte pro Portion: 353 kcal • KH 46 g, F 12 g, EW 12 g

Erbsenfritter

MIT KOKOSJOGHURT-KRÄUTER-DIP

Erbsenfritter sind eines meiner Lieblingsrezepte, wenn ich etwas Schnelles, Leichtes und Gesundes am Mittag möchte. Sie schmecken unglaublich frisch und die Erbsen knacken so herrlich beim Reinbeißen.

vegetarisch, glutenfrei

ZUBEREITUNGSZEIT
35 MINUTEN

Für 2 Portionen

Für den Dip

je 2 Stängel Petersilie und Basilikum
2 Stängel Minze
250 g Kokosjoghurt
1 TL Limettensaft
Salz
frisch gemahlener schwarzer Pfeffer

Für die Fritter (ergibt 8 Stück)

400 g Erbsen (TK-Ware oder frisch gepalt)
1 Schalotte
je 3 Blätter Basilikum und Zitronenmelisse
30 g Magerquark
1 TL abgeriebene Biozitronenschale
1 Ei (Größe M)
3 EL Reismehl
1 Prise frisch geriebene Muskatnuss
Salz
frisch gemahlener schwarzer Pfeffer
2 TL Kokosöl zum Anbraten

Für den Dip die **Kräuter** sehr fein hacken und in eine Schüssel geben. **Kokosjoghurt** und **Limettensaft** unterrühren und mit **Salz** und **Pfeffer** abschmecken. Beiseitestellen. • Für die Fritter Wasser in einem Topf zum Kochen bringen. **Erbsen** kurz darin blanchieren, abgießen und mit kaltem Wasser abschrecken. Ein Drittel der Erbsen im Standmixer pürieren, alternativ einen Stabmixer verwenden. Die restlichen Erbsen beiseitestellen. • Die **Schalotte** schälen und fein würfeln. **Basilikum** und **Zitronenmelisse** fein hacken. • Erbsenpüree, Schalotten und gehackte Kräuter in eine Schüssel geben, **Quark, Zitronenschale, Ei** und **Reismehl** dazugeben und alles zu einem Teig verrühren. Mit **Muskatnuss** und etwas **Salz** und **Pfeffer** würzen. Dann die beiseitegestellten Erbsen unterheben. • Das **Kokosöl** in einer Pfanne erhitzen und je 2 EL Teig pro Fritter hineingeben – je nach Pfannengröße können zwei bis drei Fritter gleichzeitig gebraten werden. Bei mittlerer Hitze etwa 2–3 Minuten braten, wenden und nochmals 2 Minuten braten. • Herausnehmen und warm halten, bis alle Fritter fertig gebraten sind. • Erbsenfritter mit dem Kokosjoghurt-Kräuter-Dip genießen.

Nährwerte pro Portion: 466 kcal • KH 45 g, F 20 g, EW 21 g

TIPP Die Fritter schmecken warm und kalt und sind damit perfekt zum Vorbereiten und Mitnehmen. Du kannst sie sogar auf Vorrat backen, einfrieren und dann im Toaster wieder auftauen.

TIPP Die Bratlinge können auch im Backofen bei 180 °C Ober-/Unterhitze 20–25 Minuten gebacken werden, dann musst du während des Bratens nicht am Herd stehen. Sie lassen sich wunderbar vorbereiten, mitnehmen und einfrieren.

Linsen-Walnuss-Bratlinge

MIT ROTE-BETE-FETA-DIP

vegetarisch, glutenfrei

ZUBEREITUNGSZEIT 25–30 MINUTEN PLUS CA. 10 MINUTEN GARZEIT

Für ca. 8 Stück

Für die Bratlinge
200 g rote Linsen
75 g Walnüsse
50 g Buchweizenmehl
1 EL gemahlene Leinsamen
1 EL Apfelessig
1 TL Meersalz
1 TL gemahlener Kreuzkümmel
½ TL Koriandersamen
1 Ei (Größe M)
1 Stängel Minze
Salz
frisch gemahlener schwarzer Pfeffer
2 EL Rapsöl zum Braten

Für den Dip
200 g gekochte Rote Bete (vakuumverpackt)
100 g Naturjoghurt (1,5 %)
1 TL Zitronensaft
50 g Feta
abgeriebene Schale von ½ Biozitrone
Salz
frisch gemahlener schwarzer Pfeffer

Für die Bratlinge die **Linsen** in ein Sieb geben und unter fließendem kaltem Wasser waschen. In einen Topf geben, mit Wasser auffüllen und etwa 10 Minuten weich kochen. Abgießen und etwa zwei Drittel der Linsen in den Blitzhacker geben. • **Walnüsse, Buchweizenmehl, Leinsamen, Apfelessig, Meersalz** und **Gewürze** dazugeben und alles zu einer groben Masse pürieren – es dürfen noch ein paar Linsen erkennbar sein. In eine Schüssel füllen. • Das **Ei** und die restlichen Linsen unterrühren. **Minzeblätter** abzupfen, hacken, dazugeben und vermischen. Zum Schluss die Bratlingmasse mit **Salz** und **Pfeffer** würzen und beiseitestellen. • Für den Dip die **Roten Beten** grob würfeln, mit **Joghurt, Zitronensaft** und **Feta** in den Blitzhacker geben und alles zu einer glatten Creme verarbeiten. **Zitronenschale** unterrühren und den Dip mit **Salz** und **Pfeffer** abschmecken. • Aus der Bratlingmasse acht Bratlinge formen. Das **Rapsöl** in einer großen Pfanne erhitzen und die Bratlinge darin von beiden Seiten bei mittlerer Hitze jeweils 3–4 Minuten ausbacken. • Die Bratlinge mit dem Dip genießen.

Nährwerte pro Stück (ohne Dip): 123 kcal • KH 6 g, F 10 g, EW 3 g

Kartoffelsalat

MIT DILL UND ZITRONEN-SENF-DRESSING

Diesen Kartoffelsalat bereitet man am besten am Vortag zu und lässt ihn über Nacht durchziehen. Dadurch wird er noch aromatischer und die Kartoffeln bilden nach 12 Stunden im Kühlschrank resistente Stärke, einen Ballaststoff, der die Darmfunktion unterstützt und für eine gesunde Darmflora sorgt.

vegetarisch, laktosefrei, glutenfrei

ZUBEREITUNGSZEIT
20 MINUTEN PLUS 10 MINUTEN GARZEIT UND RUHEZEIT AM BESTEN ÜBER NACHT

Für 4 Portionen

1 kg festkochende Kartoffeln
Salz
100 g entsteinte grüne Oliven
1 Frühlingszwiebel
5 Radieschen
200 ml Gemüsebrühe
1 EL Senf
2 EL Weißweinessig
2 EL Zitronensaft
3 EL Rapsöl
1 TL Honig
abgeriebene Schale von ½ Biozitrone
frisch gemahlener schwarzer Pfeffer
25 g Rucola
1 Bund Dill

Die **Kartoffeln** schälen und in etwa 5 mm dünne Scheiben schneiden oder hobeln. In kochendem **Salzwasser** 10 Minuten garen. • Abgießen, mit kaltem Wasser abschrecken, abtropfen lassen und in eine große Schüssel geben. Sechs Kartoffelscheiben herausnehmen und beiseitelegen. • Die **Oliven** halbieren. Die **Frühlingszwiebel** putzen und in Ringe schneiden. Die **Radieschen** waschen, putzen und fein hobeln. • Die vorbereiteten Zutaten zu den Kartoffeln in die Schüssel geben und vorsichtig vermischen, damit die Kartoffelscheiben nicht brechen. • Die **Gemüsebrühe** mit **Senf, Weißweinessig, Zitronensaft, Rapsöl** und **Honig** in einen kleinen Topf geben und aufkochen. Die beiseitegelegten Kartoffelscheiben hineingeben und mit dem Stabmixer zu einem sämigen Dressing pürieren. Die **Zitronenschale** dazugeben und mit **Salz** und **Pfeffer** abschmecken. • Das warme Dressing über den Salat gießen, gut unterheben und bis zum Servieren – am besten über Nacht – durchziehen lassen. • Vor dem Servieren den **Rucola** waschen und trocken schütteln. Den **Dill** fein hacken. Den Kartoffelsalat noch mal mit **Salz** und **Pfeffer** nachwürzen, Rucola und Dill unterheben und genießen.

Nährwerte pro Portion: 263 kcal • KH 33 g, F 12 g, EW 5 g

OLIO

Buchweizen-Tabbouleh

vegan, laktosefrei, glutenfrei

ZUBEREITUNGSZEIT
12 MINUTEN PLUS
15 MINUTEN GARZEIT

Für 2 Portionen

100 g Buchweizen
70 g Kichererbsen aus der Dose (Abtropfgewicht)
½ Salatgurke
2 größere Tomaten
1 Bund Petersilie (15 g)
1 Bund Koriander (15 g)
2 Stängel Minze (5 g)
20 g Pinienkerne
2 EL Olivenöl
2 EL Zitronensaft
½ TL gemahlener Kreuzkümmel
1 große Prise gemahlener Zimt
Salz
frisch gemahlener schwarzer Pfeffer
1 TL Chiliflocken (optional)

Den **Buchweizen** in ein feines Sieb geben, unter fließendem warmem Wasser gründlich waschen und mit 200 ml kaltem Wasser in einen Topf geben. Aufkochen und bei niedriger Hitze 15 Minuten köcheln lassen. Dann abgießen und auskühlen lassen. • Inzwischen die **Kichererbsen** in ein Sieb abgießen, unter fließendem kaltem Wasser abspülen und abtropfen lassen. • Die **Gurke** schälen, längs halbieren, mit einem Löffel entkernen und in kleine Würfel schneiden. Die **Tomaten** waschen, vierteln, entkernen und ebenfalls in kleine Würfel schneiden. Die **Kräuter** fein hacken. • Die **Pinienkerne** in einer Pfanne ohne Fettzugabe anrösten. • Den Buchweizen mit allen vorbereiteten Zutaten in eine Schüssel geben und vermengen. • **Olivenöl** und **Zitronensaft** dazugeben und nochmals gut durchmischen. **Kreuzkümmel** und **Zimt** hinzufügen und mit **Salz** und **Pfeffer** abschmecken. Buchweizen-Tabbouleh nach Belieben mit **Chiliflocken** würzen.

Nährwerte pro Portion: 390 kcal • KH 48 g, F 18 g, EW 10 g

Süßkartoffelsalat

MIT KORIANDER-DRESSING

Wem klassischer Kartoffelsalat zu langweilig ist, sollte diesen Süßkartoffelsalat probieren. Er schmeckt durch das Koriander-Dressing herrlich frisch und lässt sich perfekt mitnehmen.

vegan, laktosefrei, glutenfrei

ZUBEREITUNGSZEIT
15 MINUTEN PLUS 10 MINUTEN GARZEIT

Für 2 Portionen
2 Süßkartoffeln
50 g Feldsalat
1 rote Paprika
2 EL Gojibeeren
30 g Koriander
30 g Cashews
5 g frischer Ingwer
4 EL Olivenöl
1 TL Limettensaft
1 Prise Chiliflocken (optional)
Salz
frisch gemahlener schwarzer Pfeffer

Die **Süßkartoffeln** schälen und in kleine Würfel schneiden. In einen großen Topf mit kochendem Wasser geben und 10 Minuten bissfest garen. Abgießen, mit kaltem Wasser abschrecken und abtropfen lassen. • **Feldsalat** waschen und trocken schütteln. Die **Paprika** waschen, entkernen und in kleine Streifen schneiden. • Süßkartoffeln, Feldsalat und Paprika mit den **Gojibeeren** in eine Schüssel geben. • Den **Koriander** grob hacken, die **Cashews** ebenfalls grob hacken. Den **Ingwer** schälen, fein hacken, mit Koriander und Cashews in den Blitzhacker geben und pürieren. 4 EL Wasser, **Olivenöl** und **Limettensaft** hinzufügen und das Dressing nochmals aufmixen. • Nach Wunsch mit **Chiliflocken** würzen und gut mit **Salz** und **Pfeffer** abschmecken. Das Koriander-Dressing über den Salat geben, gut durchmischen und servieren.

Nährwerte pro Portion: 620 kcal • KH 67 g, F 29 g, EW 10 g

Schnell und leicht

FÜR DEN ABEND

Süßkartoffel-Curry-Frittata

MIT SPINAT

vegetarisch, laktosefrei, glutenfrei

ZUBEREITUNGSZEIT
12 MINUTEN PLUS
15 MINUTEN GARZEIT

Für 2 Portionen
1 Zwiebel
1 kleine Süßkartoffel
50 g Babyspinat
4 Eier (Größe M)
4 Eiweiß (Größe M)
100 ml ungesüßter Mandeldrink
1 ½ TL Currypulver
Salz
frisch gemahlener
schwarzer Pfeffer
1 EL Olivenöl
3 Stängel Koriander

Die **Zwiebel** schälen und in Ringe schneiden. Die **Süßkartoffel** schälen und in dünne Scheiben schneiden. Den **Spinat** waschen und abtropfen lassen. • **Eier, Eiweiß, Mandeldrink** und **Currypulver** in einer Schüssel verquirlen, mit **Salz** und **Pfeffer** würzen. • **Olivenöl** in einer kleinen Pfanne (Ø 20 cm) erhitzen und die Zwiebeln darin 2–3 Minuten anrösten. Herausnehmen und auf Küchenpapier legen. • Die Süßkartoffelscheiben in die Pfanne geben, 3 Minuten anbraten und dann mit 50 ml Wasser ablöschen. Bei mittlerer Hitze köcheln lassen, bis die Flüssigkeit verkocht ist. • Den Spinat dazugeben und zusammenfallen lassen. Dann die Zwiebeln wieder mit in die Pfanne geben und die Eiermischung hineingießen. • Die Hitze reduzieren, einen Deckel auf die Pfanne setzen und die Frittata 15 Minuten stocken lassen. • Aus der Pfanne stürzen, auf einen großen Teller geben und die Frittata mit dem **Koriander** garnieren.

Nährwerte pro Portion: 375 kcal • KH 21 g, F 20 g, EW 24 g

TIPP Wer möchte, der streut 1–2 EL Sonnenblumenkerne über die fertige Frittata.

Zucchinispaghetti

MIT MANGO-TAHINI-DRESSING

Dieses Rezept war ursprünglich gar nicht für mein Buch geplant. Ich habe es eines Abends schnell zusammengestellt und war von dem Mango-Tahini-Dressing so begeistert, dass das Rezept noch aufgenommen wurde.

laktosefrei, glutenfrei

ZUBEREITUNGSZEIT
25 MINUTEN

Für 2 Portionen
1 Mango
2 EL Tahini (Sesampaste)
1 EL Zitronensaft
1 TL Apfelessig
5 g frischer Ingwer
Salz
frisch gemahlener schwarzer Pfeffer
2 Zucchini
2 kleine Putensteaks (à 125 g)
1 TL Currypulver
1 TL Kokosöl
2 EL glutenfreie Sojasauce (Tamari)
einige rote Chilischotenringe zum Garnieren (optional)
Außerdem
Spiralschneider

Die **Mango** schälen, das Fruchtfleisch in Würfel schneiden und einige davon beiseitelegen. Die restlichen Mangowürfel mit **Tahini, Zitronensaft** und **Apfelessig** in den Blitzhacker oder Standmixer geben. Den **Ingwer** schälen, hacken, hinzufügen und alles zu einem cremigen Dressing pürieren und mit **Salz** und **Pfeffer** abschmecken. • Die **Zucchini** waschen und mit dem Spiralschneider zu „Spaghetti" drehen. • Die **Putensteaks** in Streifen schneiden und mit **Currypulver, Salz** und **Pfeffer** würzen. Das **Kokosöl** in einer beschichteten Pfanne erhitzen und die Putenstreifen darin rundum 5 Minuten scharf anbraten. Mit der **Sojasauce** ablöschen, die Hitze reduzieren und weitere 5 Minuten gar ziehen lassen. • Herausnehmen, die Hitze wieder erhöhen und die Zucchininudeln in die heiße Pfanne geben. Einmal gut durchschwenken, dann das Mango-Tahini-Dressing darübergeben und gut vermischen. • Die Zucchinispaghetti auf zwei Teller geben. Die Putensteakstreifen mit den beiseitegelegten Mangowürfeln darauf verteilen und nach Wunsch mit **Chiliringen** garnieren.

Nährwerte pro Portion: 367 kcal • KH 24 g, F 12 g, EW 39 g

Linsennudelsalat

MIT GEBRATENEN RADIESCHEN UND RUCOLA-PESTO

Ich habe Pasta lange Zeit gemieden, weil ich sie nicht vertrage, aber seit es Alternativen aus Linsen- oder Kichererbsenmehl gibt, bin ich der größte Fan von Nudelsalaten. Dieser wird durch die gebratenen Radieschen und knackige Walnüsse zum Geschmackserlebnis.

vegetarisch, glutenfrei

ZUBEREITUNGSZEIT 25 MINUTEN

Für 2 Portionen

Für das Pesto
150 g Rucola
40 g Pinienkerne
2 EL Hanfsamen
abgeriebene Schale von ½ Biozitrone
30 ml Olivenöl
Salz
frisch gemahlener schwarzer Pfeffer

Für den Salat
80 g Linsennudeln
150 g Radieschen
1 EL Olivenöl
1 EL Weißweinessig
Salz
frisch gemahlener schwarzer Pfeffer
40 g Ziegenkäse
20 g Walnüsse

Für das Pesto den **Rucola** waschen und trocken schütteln. 100 g Rucola grob hacken, mit **Pinienkernen, Hanfsamen** und 3 EL Wasser in den Blitzhacker geben und fein pürieren. • **Zitronenschale** und **Olivenöl** hinzufügen und kurz untermixen. Das Rucola-Pesto mit **Salz** und **Pfeffer** abschmecken. Falls nötig, noch etwas Wasser dazugeben, damit es flüssiger wird. • Für den Salat die **Linsennudeln** nach Packungsanleitung kochen. • Währenddessen die **Radieschen** waschen, putzen und vierteln. Das **Olivenöl** in einer großen Pfanne erhitzen und die Radieschen darin 5 Minuten anbraten. Mit **Weißweinessig** ablöschen und mit **Salz** und **Pfeffer** würzen. • Die Nudeln abgießen, abtropfen lassen und in eine Schüssel geben. Gebratene Radieschen, restlichen Rucola und das Pesto dazugeben und vermischen. • Den Linsennudelsalat auf zwei Schalen verteilen. Den **Ziegenkäse** darüberbröseln und die **Walnüsse** darauf verteilen.

Nährwerte pro Portion: 620 kcal • KH 31 g, F 47 g, EW 22 g

Blumenkohl-steaks

AUS DEM OFEN MIT MINZE-DATTEL-GREMOLATA

vegetarisch, glutenfrei

ZUBEREITUNGSZEIT
15 MINUTEN PLUS
20 MINUTEN BACKZEIT

Für 2 Portionen

Für die „Steaks"
1 mittelgroßer Blumenkohl
Saft von 1 Zitrone
2 EL Olivenöl
1 TL Paprikapulver
½ TL gemahlener Kreuzkümmel
1 Prise gemahlener Zimt
3 EL Naturjoghurt (1,5 %)
20 g gesalzene Pistazien
15 g Granatapfelkerne

Für die Gremolata
6 getrocknete entsteinte Datteln
15 g frischer Ingwer
1 Knoblauchzehe
15 g Minze
30 g Petersilie
1 Prise gemahlener Zimt

Den Backofen auf 220 °C Ober-/Unterhitze vorheizen. Ein Backblech mit Backpapier auslegen. • Für die „Steaks" den **Blumenkohl** waschen und mit einem großen Messer in vier etwa 3 cm dicke Scheiben schneiden. • **Zitronensaft, Olivenöl, Paprikapulver, Kreuzkümmel** und **Zimt** mischen und die Blumenkohlsteaks damit von allen Seiten bestreichen, dabei auch die kleinen Blumenkohlreste einstreichen. Auf das vorbereitete Backblech legen und im vorgeheizten Ofen 20 Minuten backen. • Währenddessen für die Gremolata die **Datteln** fein hacken. **Ingwer** und **Knoblauchzehe** schälen. Die **Minzeblätter** abzupfen und mit der **Petersilie** grob hacken. Ingwer, Knoblauch und Kräuter in den Blitzhacker geben und fein hacken. In eine Schüssel füllen und die Datteln mit dem **Zimt** unterrühren. • Das Blech aus dem Ofen nehmen und die Blumenkohlsteaks auf zwei Teller geben. Die Minze-Dattel-Gremolata darauf verteilen, mit dem **Joghurt** beträufeln, mit **Pistazien** und **Granatapfelkernen** bestreuen und genießen.

Nährwerte pro Portion: 308 kcal • KH 25 g, F 17 g, EW 12 g

Taco-Bowl

Mexikanisches Fast Food – in der frischen und gesunden Variante. Die Geschmackskombinationen in dieser Bowl machen mir augenblicklich gute Laune.

glutenfrei

ZUBEREITUNGSZEIT
25–30 MINUTEN

Für 2 Portionen

200 g schwarze Bohnen aus der Dose (Abtropfgewicht)
140 g Maiskörner aus der Dose (Abtropfgewicht)
80 g weiße Quinoa
200 g Cocktailtomaten
1 grüne Paprika
1 Frühlingszwiebel
1 EL Limettensaft
Salz
frisch gemahlener schwarzer Pfeffer
1 Rinderhüftsteak (200 g)
1 TL Paprikapulver
1 TL Kokosöl zum Braten
1 kleine Avocado
150 g griechischer Naturjoghurt (2 %)
etwas frischer Koriander zum Garnieren (optional)

Bohnen und **Mais** getrennt in zwei Siebe abgießen, unter fließendem kaltem Wasser abspülen und abtropfen lassen. • **Quinoa** in ein feines Sieb geben und unter fließendem kaltem Wasser abspülen. Mit 200 ml Wasser in einen Topf geben, zum Kochen bringen und 15 Minuten köcheln lassen. Abgießen und etwas abkühlen lassen. • Inzwischen die **Tomaten** waschen und halbieren. Die **Paprika** waschen, entkernen und in kleine Würfel schneiden. Die **Frühlingszwiebel** putzen und in Ringe schneiden, dann mit Tomaten und Paprika in eine Schüssel geben. Mit dem **Limettensaft** beträufeln, vermischen und den Tomaten-Paprika-Salat mit **Salz** und **Pfeffer** würzen. • Das **Rinderhüftsteak** mit **Salz, Pfeffer** und **Paprikapulver** würzen. Das **Kokosöl** in einer Pfanne erhitzen und das Steak darin von beiden Seiten 2 Minuten scharf anbraten. Die Hitze etwas reduzieren und weitere 5–8 Minuten garen lassen – je nachdem, ob es lieber rosa oder durchgebraten sein soll. • Währenddessen die **Avocado** halbieren, entkernen, das Fruchtfleisch herauslöffeln und in Scheiben schneiden. • Quinoa in zwei Schalen füllen, dann Bohnen, Mais, Tomaten-Paprika-Salat und Avocado darauf verteilen. Das Rindersteak in Streifen schneiden und auf die Taco-Bowls legen. Mit dem **Joghurt** garnieren und nach Belieben mit frischem **Koriander** bestreuen.

Nährwerte pro Portion: 681 kcal • KH 54 g, F 31 g, EW 39 g

TIPP Für eine Variante kannst du Quinoa auch durch Naturreis, Buchweizen oder Hirse ersetzen. Anstelle des Rinderhüftsteaks schmeckt auch gebratenes Hühnchen oder Räuchertofu für eine vegetarische Bowl.

Mediterran gefüllte Tomaten
AUS DEM OFEN

vegetarisch, glutenfrei

ZUBEREITUNGSZEIT
25 MINUTEN PLUS CA.
15 MINUTEN BACKZEIT

Für 2 Portionen
60 g rote Linsen
1 kleine Zwiebel
1 TL Olivenöl
1 EL Tomatenmark
1 Zucchini
2 Champignons
10 g getrocknete Tomaten
20 g schwarze Olivenringe
10 g Kapern
½ TL rosenscharfes Paprikapulver
100 ml Gemüsebrühe
2 große Fleischtomaten (à 350 g)
je 1 Zweig Rosmarin und Thymian
Salz
frisch gemahlener schwarzer Pfeffer
150 g griechischer Naturjoghurt (2 %)

Den Backofen auf 180 °C Ober-/Unterhitze vorheizen. • Die **Linsen** in ein Sieb geben, unter fließendem kaltem Wasser waschen und abtropfen lassen. Die **Zwiebel** schälen und fein würfeln. • Das **Olivenöl** in einer großen tiefen Pfanne erhitzen, Zwiebeln und **Tomatenmark** darin anbraten. Linsen und 150 ml Wasser dazugeben und 10 Minuten köcheln lassen. • Inzwischen die **Zucchini** waschen und in kleine Würfel schneiden. Die **Champignons** putzen und ebenfalls klein würfeln. Getrocknete **Tomaten** hacken. • Zucchini, Champignons, Tomaten, **Olivenringe** und **Kapern** in die Pfanne geben und mit dem **Paprikapulver** würzen. Die **Gemüsebrühe** hinzufügen und bei mittlerer Hitze 5 Minuten köcheln lassen, bis das Gemüse weich ist. • Währenddessen die **Fleischtomaten** waschen und am Stielansatz Kappen abschneiden. Das Innere der Tomaten vorsichtig herauslöffeln und würfeln. • **Rosmarinnadeln** und **Thymianblätter** abzupfen, fein hacken, mit dem Tomateninneren samt Kernen in die Pfanne geben und zu einer saftigen Füllung vermischen. Mit **Salz** und **Pfeffer** abschmecken, die Tomaten damit füllen und die Kappen wieder aufsetzen. • Die restliche Füllung in eine kleine Auflaufform geben. Die Tomaten daraufsetzen und im vorgeheizten Ofen etwa 15 Minuten backen. • Herausnehmen und den **Joghurt** auf den heißen Ofentomaten verteilen.

Nährwerte pro Portion: 288 kcal • KH 33 g, F 7 g, EW 19 g

Blumenkohl-Fried-Rice

vegetarisch, laktosefrei, glutenfrei

ZUBEREITUNGSZEIT
25 MINUTEN

Für 2 Portionen
½ mittelgroßer Blumenkohl
50 g grüne Bohnen
1 Zwiebel
2-cm-Stück frischer Ingwer
1 rote Paprika
2 Möhren
1 Frühlingszwiebel
1 EL Sesamöl
1 TL Fünf-Gewürze-Pulver
80 g TK-Erbsen
4 EL glutenfreie Sojasauce (Tamari) plus eventuell etwas mehr)
2 Eier (Größe M)
frisch gemahlener schwarzer Pfeffer
einige Minzeblätter zum Garnieren

Den **Blumenkohl** waschen, in Röschen schneiden, in den Standmixer oder Blitzhacker geben und mehrmals für nur wenige Sekunden in ganz feine Stücke hacken – sie sollten wie Reiskörner aussehen. Beiseitestellen. • Die Enden der **Bohnen** abschneiden, die Bohnen halbieren und in kochendem Wasser 5 Minuten blanchieren. Abgießen, mit kaltem Wasser abschrecken und abtropfen lassen. • Inzwischen die **Zwiebel** schälen und in Ringe schneiden. Den **Ingwer** schälen und fein hacken. **Paprika** waschen, entkernen und in Streifen schneiden. **Möhren** schälen und grob hobeln. Die **Frühlingszwiebel** putzen und hacken. • Das **Sesamöl** in einer großen Pfanne erhitzen. Zwiebel und Ingwer darin anbraten. Das **Fünf-Gewürze-Pulver** dazugeben und kurz mit anrösten. Paprika, Möhren, Bohnen und **Erbsen** in die Pfanne geben. Mit der **Sojasauce** ablöschen und 5 Minuten bei mittlerer Hitze braten. • Das Gemüse in der Pfanne zur Seite schieben und die **Eier** in die Mitte aufschlagen. Mit dem Pfannenwender unter ständigem Rühren zu Rührei braten, dann mit dem Gemüse vermischen. • Den gehackten Blumenkohl mit in die Pfanne geben und kurz mitbraten. Mit **Pfeffer** würzen und eventuell noch etwas **Sojasauce** dazugeben. • Zum Servieren den Blumenkohl-Fried-Rice mit gehackter Frühlingszwiebel und **Minzeblättern** bestreuen.

Nährwerte pro Portion: 284 kcal • KH 22 g, F 12 g, EW 19 g

Geröstete Aubergine

MIT KNUSPERTOFU UND GEWÜRZJOGHURT

Mit einer köstlichen Marinade im Ofen geschmort, wird die Aubergine butterzart, aber nicht matschig, und gleichzeitig würzig. Der knusprige Tofu und der kühle Joghurt dazu sind einfach eine Wahnsinnskombination.

vegetarisch, glutenfrei

ZUBEREITUNGSZEIT
10 MINUTEN PLUS
20–25 MINUTEN BACKZEIT

Für 2 Portionen

2 EL helle Miso-Paste (Shiro Miso)
4 EL glutenfreie Sojasauce (Tamari)
1 EL Ahornsirup
2 Auberginen
200 g Tofu
2 EL Sesamöl
2 TL Weißweinessig
2 TL Honig
20 g Sesamsamen
frisch gemahlener schwarzer Pfeffer
200 g Naturjoghurt (1,5 %)
½ TL Harissa-Paste
1 rote Chilischote
einige Minzeblätter zum Garnieren
etwas Gartenkresse zum Bestreuen

Den Backofen auf 220 °C Ober-/Unterhitze vorheizen. Ein Backblech mit Backpapier auslegen. • Die **Miso-Paste** mit **Sojasauce** und **Ahornsirup** vermischen. Die **Auberginen** waschen, längs vierteln und die Schnittflächen mit der Würzpaste bestreichen. Auf das vorbereitete Backblech legen und im vorgeheizten Ofen 20–25 Minuten rösten. • Währenddessen den **Tofu** gut mit Küchenpapier trocken tupfen und in etwa 1 cm große Würfel schneiden. In einer Schüssel **Sesamöl, Weißweinessig** und **Honig** mit dem **Sesam** zu einer Marinade verrühren. Mit **Pfeffer** würzen, die Tofuwürfel dazugeben und darin wenden. Nach 10–15 Minuten Backzeit zur Aubergine in den Ofen geben und 15 Minuten knusprig mitrösten. • Inzwischen den **Joghurt** mit der **Harissa-Paste** verrühren. Die **Chili** waschen, entkernen und in Ringe schneiden. • Das Backblech aus dem Ofen nehmen. Auberginen und Tofu auf zwei Teller verteilen, den Gewürzjoghurt darübergeben und mit **Minze, Kresse** und Chiliringen garnieren.

Nährwerte pro Portion: 451 kcal • KH 29 g, F 24 g, EW 27 g

Quinoa-Erbsen-Risotto

Den Reis im Risotto durch Quinoa zu ersetzen, ist einfach genial. Das Risotto wird so etwas leichter und lockerer. Durch den Parmesan wird das Quinoa-Risotto cremig und aromatisch. Feierabend-Soul-Food!

vegetarisch, laktosefrei, glutenfrei

ZUBEREITUNGSZEIT
10 MINUTEN PLUS
20 MINUTEN GARZEIT

Für 2 Portionen
200 g Quinoa
1 Zwiebel
1 Knoblauchzehe
1 EL Olivenöl
125 ml Weißwein
600 ml Gemüsebrühe
200 g TK-Erbsen
50 g Babyspinat
80 g Parmesan
3 Stängel Basilikum
1 TL abgeriebene Biozitronenschale
Salz
frisch gemahlener schwarzer Pfeffer

Quinoa in ein feines Sieb geben, unter fließendem kaltem Wasser gut abspülen und abtropfen lassen. • **Zwiebel** und **Knoblauchzehe** schälen und fein hacken. Das **Olivenöl** in einem breiten Topf erhitzen. Zwiebeln und Knoblauch darin anrösten, dann Quinoa dazugeben. Mit dem **Weißwein** ablöschen und einkochen lassen. • Dann die **Gemüsebrühe** hinzufügen und auf niedriger Stufe etwa 15 Minuten einköcheln lassen. • Die **Erbsen** hinzufügen und nochmals aufkochen. Den **Spinat** waschen, unterrühren und weitere 5 Minuten kochen lassen. • Inzwischen den **Parmesan** reiben und das **Basilikum** hacken. • Parmesan, Basilikum und **Zitronenschale** in das Risotto rühren und mit **Salz** und **Pfeffer** abschmecken.

Nährwerte pro Portion: 704 kcal • KH 78 g, F 23 g, EW 33 g

TIPP Statt Erbsen kannst du auch gefrorene Dicke Bohnen oder Edamame-Bohnen verwenden.

Reisnudel-Gurken-Salat

MIT LIMETTENDRESSING UND KOKOSTOFU

laktosefrei, glutenfrei

ZUBEREITUNGSZEIT
25 MINUTEN

Für 2 Portionen
Für den Salat
60 g Reisnudeln
150 g Zuckerschoten
2 rote Pflaumen
½ Salatgurke
2 Stängel Minze
2 Stängel Thai-Basilikum
1 EL Sesamöl
1 EL Limettensaft
1 EL Fischsauce
1 TL Kokosblütenzucker
Für den Tofu
3 EL Reismehl
150 ml Kokosmilch light
50 g Kokosflocken
250 g Tofu
2 EL Kokosöl zum Braten
Außerdem
Spiralschneider

Für den Salat die **Reisnudeln** nach Packungsanleitung kochen oder einweichen. Abgießen und abtropfen lassen. • Inzwischen die **Zuckerschoten** kurz in kochendem Wasser blanchieren, in eiskaltem Wasser abschrecken und schräg in dünne Streifen schneiden. Die **Pflaumen** waschen, entsteinen und in dünne Spalten schneiden. • Die **Gurke** waschen, im Spiralschneider zu „Spaghetti" drehen und mit den Glasnudeln in einer Schüssel vermischen. **Minzeblätter** abzupfen und fein hacken. Das **Thai-Basilikum** ebenfalls fein hacken und beides in die Schüssel geben. • **Sesamöl, Limettensaft, Fischsauce** und **Kokosblütenzucker** zu einem Dressing verrühren. Über die Glasnudelmischung geben und gut vermengen. • Für den Tofu **Reismehl, Kokosmilch** und **Kokosflocken** jeweils in einen tiefen Teller geben. • Den **Tofu** in etwa 2 cm dicke Scheiben schneiden und mit einem Küchentuch unter Druck abtupfen. Wiederholen, bis das Tuch fast trocken bleibt. Die Tofuscheiben zuerst im Reismehl, dann in der Kokosmilch und zum Schluss in den Kokosflocken wenden. • Das **Kokosöl** in einer Pfanne erhitzen und den Tofu darin von beiden Seiten jeweils 3 Minuten knusprig braten. • Den Salat auf zwei Teller verteilen. Zuckerschoten und Pflaumenspalten darauf verteilen, den knusprigen Kokostofu hinzugeben und servieren.

Nährwerte pro Portion: 551 kcal • KH 52 g, F 28 g, EW 24 g

Gezupfter Hähnchensalat

MIT SPICY KÜRBISKERNEN

glutenfrei

ZUBEREITUNGSZEIT
25 MINUTEN

Für 2 Portionen
5 getrocknete Tomaten in Öl
1 EL Naturjoghurt (1,5 %)
2 Hähnchenbrustfilets (à 150 g)
100 g Rucola
1 Chicorée
3 Stängel Minze
150 g Cocktailtomaten
50 g Kürbiskerne
½ TL Olivenöl
1 Prise Cayennepfeffer
½ TL Chilipulver
1 Avocado
1 EL Kürbiskernöl
½ TL Senf
½ TL Honig
2 EL Apfelessig
Salz
frisch gemahlener schwarzer Pfeffer

Den Backofen auf 180 °C Ober-/Unterhitze vorheizen. Ein Backblech mit Backpapier auslegen. • Die getrockneten **Tomaten** mit dem **Joghurt** im Blitzhacker zu einer Paste pürieren. Die **Hähnchenbrustfilets** mit der Paste einstreichen, auf das vorbereitete Backblech legen und im vorgeheizten Ofen 20 Minuten garen. • Währenddessen den **Rucola** waschen und trocken schütteln. **Chicorée** waschen, in Streifen schneiden und mit dem Rucola in eine Schüssel geben. **Minzeblätter** abzupfen, **Cocktailtomaten** waschen, halbieren und hinzufügen. • Nach knapp der Hälfte der Backzeit die **Kürbiskerne** mit **Olivenöl, Cayennepfeffer** und **Chilipulver** vermischen, zum Hähnchen auf das Blech im Ofen geben und 10 Minuten mitrösten, bis sie knusprig sind. • Währenddessen die **Avocado** halbieren, entkernen, das Fruchtfleisch herauslöffeln und in kleine Würfel schneiden. Zur Salatmischung in die Schüssel geben. • **Kürbiskernöl, Senf, Honig** und **Apfelessig** verrühren und mit **Salz** und **Pfeffer** würzen. Die Vinaigrette über den Salat träufeln und alles gut vermischen. • Das Backblech aus dem Ofen nehmen und die Filets mit zwei Gabeln zerzupfen. Die Hähnchenstreifen auf dem Salat verteilen und mit den spicy Kürbiskernen bestreuen.

Nährwerte pro Portion: 627 kcal • KH 9 g, F 43 g, EW 50 g

Kabeljau

MIT NUSSKRUSTE UND INGWER-MÖHREN

Kabeljau ist ein Fisch, den die meisten Menschen mögen. Er hat ein sehr schönes festes Fleisch und einen ganz dezenten Geschmack. Ich mag ihn sehr gern, weil er eine fettarme Eiweißbombe ist und sich so vielseitig kombinieren lässt.

laktosefrei, glutenfrei

ZUBEREITUNGSZEIT
30 MINUTEN

Für 2 Portionen

Für den Kabeljau
2 Kabeljau-Loins (à 180 g)
Salz
frisch gemahlener schwarzer Pfeffer
60 g gemischte Nüsse (z. B. Macadamianüsse, Mandeln, Cashews)
4 Stängel Petersilie
2 EL Reismehl
1 Eiweiß (Größe M)

Für die Möhren
300 g Bundmöhren
20 g frischer Ingwer
1 EL Kokosöl
Salz
frisch gemahlener schwarzer Pfeffer
1 EL Ahornsirup
1 TL abgeriebene Biozitronenschale

Den Backofen auf 180 °C Ober-/Unterhitze vorheizen. • Den **Kabeljau** in eine Auflaufform legen und mit **Salz** und **Pfeffer** würzen. • **Nüsse** und **Petersilie** sehr fein hacken und mit dem **Reismehl** vermischen. Das **Eiweiß** aufschlagen und unter die Nussmischung heben. Mit **Salz** und **Pfeffer** würzen. Die Nussmasse auf den Kabeljau-Loins verteilen und im vorgeheizten Ofen 20 Minuten backen. • Währenddessen für die Ingwer-Möhren das Grün abschneiden und die **Möhren** schälen. Den **Ingwer** schälen und fein hacken. Das **Kokosöl** in einer großen Pfanne erhitzen. Möhren mit dem Ingwer hineingeben, mit **Salz** und **Pfeffer** würzen und 100 ml Wasser dazugießen. Den Deckel auf die Pfanne setzen und 10 Minuten bissfest dünsten. Zum Schluss mit **Ahornsirup** und **Zitronenschale** verfeinern. • Die Auflaufform aus dem Ofen nehmen, den Kabeljau mit den Ingwer-Möhren auf zwei Teller geben und genießen.

Nährwerte pro Portion: 498 kcal • KH 20 g, F 29 g, EW 39 g

Miso-Hähnchen

MIT GURKEN-AVOCADO-SALAT

Du hast vielleicht schon gemerkt, dass ich sehr gern Miso-Paste zum Würzen und Verfeinern verwende. Gerade als Marinade zum Braten von Fleisch, Fisch oder Tofu gibt sie einfach ein wunderbares Aroma und ist gleichzeitig gut für das Darmgleichgewicht.

laktosefrei, glutenfrei

ZUBEREITUNGSZEIT
20 MINUTEN

Für 2 Portionen

Für das Hähnchen

2 EL helle Miso-Paste (Shiro Miso)
1 EL glutenfreie Sojasauce (Tamari)
1 EL Reisessig
1 TL Honig
2 Hähnchenbrustfilets (à 180 g)
1 TL Kokosöl zum Braten

Für den Salat

½ Salatgurke
1 Avocado
1 Kohlrabi
1 EL Olivenöl
1 TL Zitronensaft
Salz
frisch gemahlener schwarzer Pfeffer
2 EL Sesamsamen
3 Stängel Koriander

Für das Hähnchen die **Miso-Paste** mit **Sojasauce, Reisessig** und **Honig** zu einer Marinade verrühren und die **Hähnchenbrustfilets** damit bestreichen. • Das **Kokosöl** in einer Pfanne erhitzen und die Hähnchenbrustfilets darin auf mittlerer bis hoher Stufe 3 Minuten von jeder Seite knusprig anbraten. Einen Deckel auf die Pfanne setzen, die Hitze reduzieren und das Hähnchenfleisch 10 Minuten gar ziehen lassen. • Währenddessen für den Salat die **Gurke** waschen und in dünne Scheiben schneiden oder hobeln. Die **Avocado** halbieren, entkernen, das Fruchtfleisch herauslöffeln und in Würfel schneiden. Den **Kohlrabi** schälen und fein hobeln und mit Gurke und Avocado in eine Schüssel geben. • Mit **Olivenöl** und **Zitronensaft** beträufeln, mit **Salz** und **Pfeffer** würzen und den **Sesam** darüberstreuen. **Koriander** fein hacken und unterheben. • Den Gurken-Avocado-Salat auf zwei Teller geben. Das Miso-Hähnchen in dünne Scheiben schneiden und darauflegen.

Nährwerte pro Portion: 525 kcal • KH 11 g, F 33 g, EW 47 g

TIPP Wenn du keine gelben Linsen hast, kannst du auch rote verwenden. Sie garen beide gleich schnell.

Gelbes Tofu-Curry

MIT PHYSALIS UND MANGO

Ein ganz mildes und unglaublich fruchtiges Curry. Die Physalis geben dem Ganzen eine milde Säure, die wunderbar mit der süßen Mango harmoniert. Tofu und Linsen liefern eine große Portion pflanzliches Eiweiß.

vegan, laktosefrei, glutenfrei

ZUBEREITUNGSZEIT
30 MINUTEN

Für 2 Portionen
3-cm-Stück frischer Ingwer
1 Knoblauchzehe
1 Stängel Zitronengras
1 rote Chilischote
100 g gelbe Linsen
1 EL Kokosöl
2 EL Currypulver
200 g Brokkoli
1 gelbe Paprika
150 g Physalis
1 Mango
250 g Tofu
15 g Erdnüsse
200 ml Kokosmilch light
200 ml vegane Gemüsebrühe
Saft von 1 Limette
Salz
frisch gemahlener schwarzer Pfeffer

Ingwer und **Knoblauchzehe** schälen und fein hacken. Das **Zitronengras** putzen und fein hacken. Die **Chilischote** waschen, entkernen und ebenfalls fein hacken. **Linsen** in ein Sieb geben, unter fließendem kaltem Wasser waschen und abtropfen lassen. • Das **Kokosöl** in einem großen Topf erhitzen. Ingwer, Knoblauch, Zitronengras und Chili darin 5 Minuten anbraten. Dann Linsen und **Currypulver** hinzufügen, mit 500 ml Wasser aufgießen und 10 Minuten köcheln lassen, bis die Linsen weich sind. • Währenddessen den **Brokkoli** waschen und in Röschen schneiden. Die **Paprika** waschen, entkernen und in Stücke schneiden. Die **Physalis** aus den Schalen lösen und halbieren. **Mango** schälen und in Würfel schneiden. **Tofu** würfeln und **Erdnüsse** hacken. • Brokkoli und Paprika mit in den Topf geben, mit **Kokosmilch** und **Gemüsebrühe** aufgießen und 5 Minuten kochen lassen. Dann Physalis, Mango und Tofu hinzufügen und nochmals aufkochen. • Den **Limettensaft** unterrühren und das Curry gut mit **Salz** und **Pfeffer** abschmecken. Mit den gehackten Erdnüssen bestreuen und genießen.

Nährwerte pro Portion: 701 kcal • KH 73 g, F 26 g, EW 39 g

Linsenpfanne

MIT ERBSEN UND FETA

Die Linsenpfanne schmeckt mir besonders an kalten Abenden, wenn ich etwas Wärmendes brauche. Aromatisch wird sie durch die getrockneten Tomaten und etwas Balsamico-Essig.

vegetarisch, glutenfrei

ZUBEREITUNGSZEIT
10 MINUTEN PLUS
30 MINUTEN GARZEIT

Für 2 Portionen
200 g Berglinsen
1 Zwiebel
60 g getrocknete Tomaten
1 EL Olivenöl
1 EL Tomatenmark
2 EL Balsamico-Essig
600 ml Gemüsebrühe
200 g TK-Erbsen
1 Spritzer Zitronensaft
Salz
frisch gemahlener schwarzer Pfeffer
80 g Feta
2 Stängel Minze

Linsen in ein Sieb geben, unter fließendem kaltem Wasser waschen und gut abtropfen lassen. • Die **Zwiebel** schälen und grob hacken. **Tomaten** würfeln. • Das **Olivenöl** in einer Pfanne erhitzen. Zwiebeln und Tomaten mit dem **Tomatenmark** darin etwa 3 Minuten anrösten. Dann die Linsen dazugeben und kurz mit anrösten. • Mit **Balsamico-Essig** ablöschen und mit der **Gemüsebrühe** aufgießen. Den Deckel auf die Pfanne setzen und etwa 20 Minuten köcheln, bis die Linsen weich sind. **Erbsen** unterrühren und weitere 10 Minuten köcheln lassen. • **Zitronensaft** dazugeben und mit **Salz** und **Pfeffer** abschmecken. Den **Feta** über die Linsen bröseln, die **Minzeblätter** abzupfen, darüberstreuen und genießen.

Nährwerte pro Portion 677 kcal • KH 75 g, F 18 g, EW 41 g

Green Protein-Bowl

MIT EDAMAME UND CASHEW-DRESSING

Die volle Ladung pflanzliches Eiweiß! Von dem Dressing machst du am besten gleich die doppelte Menge. Es hält sich bis zu 1 Woche im Kühlschrank und schmeckt köstlich zu allen grünen Salaten oder als Topping für Bowls.

vegan, laktosefrei, glutenfrei

ZUBEREITUNGSZEIT
20 MINUTEN

Für 2 Portionen
Für das Cashew-Dressing
50 g Cashews
1 EL Zitronensaft
½ TL helle Miso-Paste (Shiro Miso)
1 TL Weißweinessig
50 g gemischte Kräuter (z. B. Koriander, Basilikum, Petersilie, Minze)
Salz
frisch gemahlener schwarzer Pfeffer
Für die Bowl
100 g Babyspinat
120 g grüne Bohnen
150 g Brokkoli
100 g ausgelöste TK-Edamame
100 g TK-Erbsen
120 g Kichererbsen aus der Dose (Abtropfgewicht)
3 Champignons
1 EL Kürbiskerne
1 EL Hanfsamen

Die **Cashews** mit **Zitronensaft, Miso-Paste, Weißweinessig** und 50 ml Wasser in den Blitzhacker geben und zu einem cremigen Dressing mixen, dabei eventuell noch etwas Wasser hinzufügen. • Die **Kräuter** grob hacken, zum Dressing in den Blitzhacker geben und mixen, bis keine größeren Kräuterstücke mehr zu sehen sind. Mit **Salz** und **Pfeffer** abschmecken. • Für die Bowl den **Spinat** waschen und abtropfen lassen. Die **Bohnen** waschen und die Enden abschneiden. Den **Brokkoli** waschen und in Röschen schneiden. Bohnen und Brokkoli mit **Edamame** und **Erbsen** in kochendem Wasser kurz blanchieren, dann abgießen, in eiskaltem Wasser abschrecken und abtropfen lassen. • Die **Kichererbsen** in ein Sieb abgießen, unter fließendem kaltem Wasser abspülen und abtropfen lassen. Die **Champignons** putzen und in dünne Scheiben schneiden. • Den Spinat mit 2 EL Dressing vermischen und auf zwei Bowls verteilen. • Bohnen, Brokkoli, Edamame, Erbsen, Kichererbsen und Champignons darauf verteilen. Großzügig mit dem Dressing beträufeln, mit **Kürbiskernen** und **Hanfsamen** bestreuen und genießen.

Nährwerte pro Portion: 413 kcal • KH 31 g, F 19 g, EW 27 g

Sriracha-Lachs

MIT KIWI-SALSA UND SCHWARZEM REIS

Sriracha ist eine scharfe Chilisauce, die man im Asia-Supermarkt bekommt. Leider ist sie oft mit sehr viel Zucker versetzt, weshalb ich meine eigene Ruckzuck-Variante entwickelt habe. Sie wird mit Honig gesüßt, der im Ofen leicht karamellisiert wird und dem Lachs ein unvergleichliches Aroma verleiht.

laktosefrei, glutenfrei

ZUBEREITUNGSZEIT
20–25 MINUTEN

Für 2 Portionen
Für den Reis
80 g schwarzer Reis
1 Bund Koriander
Salz
Für den Lachs
2 Knoblauchzehen
2 rote Chilischoten
5 EL Tomatenmark
3 EL Honig
3 EL Weißweinessig
2 EL glutenfreie Sojasauce (Tamari)
350 g frischer Lachs ohne Haut
Für die Salsa
2 Kiwis
2 Frühlingszwiebeln
1 EL Kokosflocken
1 EL Limettensaft

Den Backofen auf 200 °C Ober-/Unterhitze vorheizen. • Den **Reis** nach Packungsangaben kochen. • Währenddessen für den Lachs die **Knoblauchzehen** schälen, die **Chilischoten** waschen und grob in Stücke schneiden. Beides mit **Tomatenmark, Honig, Weißweinessig** und **Sojasauce** in den Blitzhacker geben und zu einer Paste mixen. • Den **Lachs** rundherum mit der Sriracha-Paste einstreichen. In eine Auflaufform legen und im vorgeheizten Ofen 15 Minuten garen. • Für die Salsa die **Kiwis** schälen und in kleine Würfel schneiden. Die **Frühlingszwiebeln** putzen und in dünne Ringe schneiden. Mit **Kokosflocken** und **Limettensaft** in eine Schale geben und vermischen. • Den **Koriander** hacken. Den gekochten Reis abgießen, in eine Schüssel füllen, mit **Salz** würzen und den Koriander unterrühren. • Den Lachs aus dem Ofen nehmen und mit schwarzem Reis und Kiwi-Salsa servieren.

Nährwerte pro Portion: 524 kcal • KH 55 g, F 16 g, EW 38 g

Shakshuka

MIT FETA

Dieses Rezept passt eigentlich in ganz unterschiedliche Kategorien: Es ist sowohl Frühstück als auch Mittagessen oder ein leichtes Abendessen. Herrlich!

vegetarisch, glutenfrei

ZUBEREITUNGSZEIT
12 MINUTEN PLUS CA.
20 MINUTEN GARZEIT

Für 2 Portionen
1 Zwiebel
1 rote Chilischote
1 rote Paprika
1 TL Olivenöl
1 TL Harissa-Paste
2 EL Tomatenmark
1 TL Rauchpaprika
1 TL gemahlener Kreuzkümmel
1 Prise gemahlener Zimt
1 TL Honig
1 EL Rotweinessig
2 Dosen geschälte Tomaten (à 400 g)
Salz
frisch gemahlener schwarzer Pfeffer
150 g Feta
3–4 Eier (Größe M)
1 EL gehackter Koriander oder Petersilie

Zwiebel schälen und fein würfeln. **Chilischote** waschen, entkernen und in Ringe schneiden. **Paprika** waschen, entkernen und in Streifen schneiden. • Das **Olivenöl** in einer kleineren Pfanne (Ø etwa 20–24 cm) erhitzen. Zwiebel, Chili und Paprika darin anbraten, dann **Harissa-Paste** und **Tomatenmark** dazugeben und anrösten. **Rauchpaprika, Kreuzkümmel, Zimt** und **Honig** hinzufügen und mit dem **Rotweinessig** ablöschen. **Tomaten** dazugeben, mit dem Pfannenwender grob hacken und alles etwa 10 Minuten einkochen lassen. • Mit **Salz** und **Pfeffer** abschmecken. Den **Feta** in 2 cm große Würfel schneiden und in die Tomatensauce hineindrücken. Dann mit einem Löffel drei bis vier Mulden in der Sauce formen und die **Eier** vorsichtig hineingeben. Den Deckel auf die Pfanne setzen und alles bei niedriger Hitze etwa 10 Minuten stocken lassen, bis das Eiweiß fest ist. • Die Pfanne vom Herd nehmen, die Shakshuka mit dem **Koriander** bestreuen und servieren.

Nährwerte pro Portion: 590 kcal • KH 30 g, F 35 g, EW 35 g

Linsenchili

MIT LIMETTENQUARK

vegetarisch, glutenfrei

ZUBEREITUNGSZEIT
20 MINUTEN PLUS
15–20 MINUTEN GARZEIT

Für 4 Portionen
Für das Chili
1 Zwiebel
1 rote Paprika (150 g)
2 Möhren (180 g)
2 rote Chilischoten
130 g rote Linsen
1 EL Kokosöl
2 EL Tomatenmark
1 Prise gemahlener Zimt
2 TL gemahlener Kreuzkümmel
½ TL Cayennepfeffer
2 TL Paprikapulver
½ TL Chilipulver
300 ml Gemüsebrühe
150 g Maiskörner aus der Dose (Abtropfgewicht)
250 g Kidneybohnen aus der Dose (Abtropfgewicht)
240 g schwarze Bohnen aus der Dose (Abtropfgewicht)
400 g stückige Tomaten aus der Dose
3 EL Balsamico-Essig
Salz
frisch gemahlener schwarzer Pfeffer
10 g Bitterschokolade mit Kokosblütenzucker (mind. 70 % Kakaoanteil)
Für den Quark
abgeriebene Schale von 1 Biolimette
1 Spritzer Limettensaft
200 g Magerquark
Salz
frisch gemahlener schwarzer Pfeffer

Für das Chili die **Zwiebel** schälen und fein würfeln. Die **Paprika** waschen, entkernen und würfeln. **Möhren** schälen und in kleine Würfel schneiden. **Chilischoten** waschen und in Ringe schneiden. **Linsen** in einem Sieb unter fließendem kaltem Wasser waschen und abtropfen lassen. • Das **Kokosöl** in einem großen Topf erhitzen. Zwiebeln mit dem **Tomatenmark** darin etwa 2 Minuten anrösten. • Dann Paprika, Möhren, Chilis, Linsen und **Gewürze** dazugeben und etwa 2 Minuten mit anrösten. Mit der **Gemüsebrühe** ablöschen, aufkochen und 10–15 Minuten köcheln lassen, bis die Linsen weich sind. • **Mais, Kidneybohnen** und **schwarze Bohnen** in ein Sieb abgießen und gut unter fließendem kaltem Wasser abspülen. • Mit den **Tomaten** in den Topf geben und 5 Minuten bei geringer Hitze ziehen lassen. **Balsamico-Essig** unterrühren, mit **Salz** und **Pfeffer** abschmecken und ganz zum Schluss die **Bitterschokolade** darin schmelzen lassen. • Für den Quark **Limettenschale** und **Limettensaft** in den **Magerquark** rühren und mit **Salz** und **Pfeffer** abschmecken. • Das Linsenchili in zwei Schalen füllen und mit dem Limettenquark genießen.

Nährwerte pro Portion: 232 kcal • KH 29 g, F 4 g, EW 16 g

TIPP Das Linsenchili lässt sich wunderbar aufheben oder einfrieren.

Süße

NERVENNAHRUNG

Minimuffins

AUS DEM MIXER

Dieses Rezept ist so genial und einfach, dass ich es gar nicht glauben konnte. Alle Zutaten kommen in den Mixer, die Muffins sind in 12 Minuten fertig gebacken und kommen ohne Mehl und Zucker aus. Durch die Bananen sind sie trotzdem süß und fluffig.

vegetarisch, laktosefrei, glutenfrei

ZUBEREITUNGSZEIT
10 MINUTEN PLUS
10–12 MINUTEN BACKZEIT

Für 24 Stück
2 TL Kokosöl zum Einfetten
1 EL Reismehl zum Bestäuben
1 reife Banane
125 g cremige ungesüßte Erdnussbutter
1 Ei (Größe M)
1 ½ EL Honig
1 TL Vanilleextrakt
¼ TL Natron
1 Prise gemahlener Zimt
2 EL Kakaonibs
Außerdem
24er-Minimuffinblech

Den Backofen auf 180 °C Ober-/Unterhitze vorheizen. Das Muffinblech mit dem **Kokosöl** einfetten und mit dem **Reismehl** ausstreuen. • Die **Banane** schälen und grob in Stücke schneiden. In den Standmixer geben, **Erdnussbutter, Ei, Honig, Vanille, Natron** und **Zimt** hinzufügen und auf höchster Stufe pürieren, bis sich die Zutaten zu einem cremigen Teig verbunden haben. • Zum Schluss die **Kakaonibs** einrühren, den Teig in das vorbereitete Muffinblech füllen und im vorgeheizten Ofen 10–12 Minuten backen, bis die Muffins schön aufgegangen und goldbraun sind. • Herausnehmen, die Muffins aus der Form heben und auf einem Kuchengitter auskühlen lassen.

Nährwerte pro Stück: 54 kcal • KH 3 g, F 4 g, EW 2 g

* Nährwerte pro Stück: 57 kcal • KH 6 g, F 3 g, EW 2 g ** Nährwerte pro Stück: 74 kcal • KH 6 g, F 5 g, EW 2 g *** Nährwerte pro Stück: 71 kcal • KH 7 g, F 3 g, EW 3 g

Matcha-Trüffel

vegan, laktosefrei, glutenfrei

ZUBEREITUNGSZEIT 10 MINUTEN

Für ca. 12 Stück
75 g getrocknete Aprikosen
50 g Cashews
25 g geschälte Pistazien
1 TL Hanfsamen
1 TL Matcha plus etwas zum Bestäuben

Alle **Zutaten** in den Blitzhacker geben und mixen, bis sie ganz fein gemahlen sind. Dann 1–2 EL Wasser hinzufügen, damit sich die Zutaten verbinden. • Aus der Masse etwa zwölf kleine Kugeln rollen und mit **Matcha-Pulver** bestäuben. – Im Kühlschrank aufbewahren.

Brownie-Trüffel

vegan, laktosefrei, glutenfrei

ZUBEREITUNGSZEIT 10 MINUTEN

Für ca. 15 Stück
100 g getrocknete entsteinte Datteln
100 g Haselnüsse
2 EL veganes Schokoladen-Proteinpulver (optional)
15 g Kakaopulver plus etwas zum Wälzen
1 Prise gemahlener Zimt
1 Prise Meersalz

Datteln, Haselnüsse, Schokoladen-Proteinpulver, falls verwendet, **Kakao, Zimt** und **Meersalz** in den Blitzhacker geben und mixen, bis alle Zutaten ganz fein gemahlen sind. Dann 1–2 EL Wasser hinzufügen, damit sich die Zutaten verbinden. • Aus der Masse etwa 15 kleine Kugeln rollen und in **Kakaopulver** wälzen. – Im Kühlschrank aufbewahren.

TIPP Wer etwas mehr Zeit hat, röstet die Haselnüsse vorher 10 Minuten im Ofen oder in der Pfanne. Dann werden die Brownie-Trüffel noch aromatischer.

Vanille-Erdnuss-Kugeln

vegan, laktosefrei, glutenfrei

ZUBEREITUNGSZEIT 10 MINUTEN

Für ca. 15 Stück
100 g getrocknete entsteinte Datteln
65 g Erdnüsse
1 EL ungesüßte Erdnussbutter
50 g glutenfreie zarte oder kernige Haferflocken
½ Vanilleschote
2 EL veganes Vanille-Proteinpulver (optional)
1 EL Ahornsirup

Datteln, 50 g **Erdnüsse, Erdnussbutter** und **Haferflocken** in den Blitzhacker geben. Das Mark aus der **Vanilleschote** kratzen und dazugeben. Nach Geschmack das **Vanille-Proteinpulver** hinzufügen und mixen, bis alle Zutaten ganz fein gemahlen sind. Dann **Ahornsirup** und eventuell 1–2 EL Wasser hinzufügen, damit sich die Zutaten verbinden. • Aus der Masse etwa 15 kleine Kugeln formen. Die restlichen **Erdnüsse** fein hacken und die Kugeln darin wälzen. – Im Kühlschrank aufbewahren.

TIPP Am besten eignen sich Medjool-Datteln. Sie sind besonders weich und aromatisch.

Saftige Nusswürfel

Die Nusswürfel sind ursprünglich ein Rezept für einen Nusskuchen, den ich seit vielen Jahren backe und gern zu Freunden und Familienfeiern mitbringe. Sie sind unglaublich saftig und haben genau die richtige Süße – nicht zu viel, nicht zu wenig. Die Würfel lassen sich wunderbar einfrieren oder als Snack mitnehmen.

vegetarisch, laktosefrei, glutenfrei

ZUBEREITUNGSZEIT
12 MINUTEN PLUS CA.
40 MINUTEN BACKZEIT

Für 16 Stück
1 TL Kokosöl zum Einfetten
260 g gemahlene Haselnüsse
2 EL Reismehl
2 TL Backpulver
1 Prise gemahlener Zimt
4 Eier (Größe M)
100 ml Ahornsirup
2 TL Vanilleextrakt
60 ml ungesüßter Haselnussdrink
3 EL gehackte Haselnüsse

Außerdem
quadratische Backform (20 × 20 cm)

Den Backofen auf 175 °C Ober-/Unterhitze vorheizen. Die Backform mit dem **Kokosöl** einfetten und mit Backpapier auslegen. • **Gemahlene Haselnüsse, Reismehl, Backpulver** und **Zimt** mischen. **Eier** trennen und das Eigelb mit **Ahornsirup** und **Vanilleextrakt** schaumig schlagen. Zu der Nussmischung geben und unterheben. Das Eiweiß steif schlagen und unter die Nussmasse ziehen. Zum Schluss den **Haselnussdrink** unterrühren. • Den Teig in die vorbereitete Form füllen, mit den **gehackten Haselnüssen** bestreuen und im vorgeheizten Ofen etwa 40 Minuten backen – mit einem Holzstäbchen testen, ob noch Teig kleben bleibt. • Herausnehmen, kurz abkühlen lassen, aus der Form nehmen und auf einem Kuchengitter vollständig auskühlen lassen. Dann den Nusskuchen in 16 Würfel schneiden.

Nährwerte pro Stück: 175 kcal • KH 9 g, F 13 g, EW 4 g

TIPP Wer gegen Haselnüsse allergisch ist, kann sie ganz einfach durch Mandeln ersetzen. Die Nusswürfel bleiben mehrere Tage saftig und lassen sich gut einfrieren und dann bei Zimmertemperatur wieder auftauen.

Schoko

Schokoladen-Müsliriegel

vegan, laktosefrei, glutenfrei

ZUBEREITUNGSZEIT
10 MINUTEN PLUS
20–25 MINUTEN BACKZEIT

Für ca. 12 Stück
50 g Buchweizen
150 g glutenfreie zarte Haferflocken
100 g Mandelstifte
60 g gepuffte Quinoa oder gepuffter Reis
4 EL Leinsamen
50 g Kakaopulver
40 g Kakaonibs
1 TL gemahlener Zimt
30 g Mandelmus
125 ml Ahornsirup
1 EL Kokosöl
2 EL Kokosblütenzucker
Außerdem
quadratische Backform (24 × 24 cm)

Den Backofen auf 170 °C Ober-/Unterhitze vorheizen. Die Backform mit Backpapier auslegen. • **Buchweizen, Haferflocken, Mandelstifte, Quinoa, Leinsamen, Kakaopulver, Kakaonibs** und **Zimt** in eine Rührschüssel geben und vermischen. • **Mandelmus, Ahornsirup, Kokosöl** und **Kokosblütenzucker** in einen kleinen Topf geben und erwärmen. Gut mit der Haferflockenmischung vermischen. • Die Masse in die vorbereitete Backform geben, sehr gut festdrücken – ich nehme dafür die Unterseite eines schweren Bechers – und im vorgeheizten Ofen 20–25 Minuten knusprig backen. • Aus dem Ofen nehmen und auskühlen lassen. Dann aus der Form lösen, das Backpapier entfernen und in etwa zwölf gleich große Müsliriegel schneiden.

Nährwerte pro Stück: 250 kcal • KH 27 g, F 12 g, EW 7 g

VEGANE

Apfel-Möhren-Muffins

vegan, laktosefrei, glutenfrei

ZUBEREITUNGSZEIT
15 MINUTEN PLUS
35–40 MINUTEN BACKZEIT

Für 12 Stück

180 g Buchweizenmehl
80 g glutenfreie gemahlene Haferflocken
50 g gemahlene Mandeln
2 EL geschrotete Leinsamen
2 TL Backpulver
1 TL Natron
1 TL gemahlener Zimt
1 Prise frisch geriebene Muskatnuss
1 Prise Salz
250 g Apfelmus
80 g Rapsöl
50 g Ahornsirup
120 ml ungesüßter Mandeldrink
1 EL Mandelmus
1 TL Apfelessig
2 Möhren
1 Apfel
50 g Walnüsse

Außerdem

12er-Muffinblech
12 Papierbackförmchen

Den Backofen auf 180 °C Ober-/Unterhitze vorheizen. Die Mulden des Muffinblechs mit den Papierförmchen auslegen. • **Buchweizenmehl, Haferflocken, Mandeln, Leinsamen, Backpulver, Natron, Zimt, Muskatnuss** und **Salz** in einer großen Rührschüssel vermengen. • **Apfelmus, Rapsöl, Ahornsirup, Mandeldrink, Mandelmus** und **Apfelessig** verquirlen. Die **Möhren** schälen, grob raspeln und unterheben. • Die Masse in die Rührschüssel zur Haferflockenmischung geben und alles mit dem Handrührgerät zu einem Teig verrühren. Den **Apfel** waschen, entkernen und in kleine Würfel schneiden. Die **Walnüsse** grob hacken und beides unter den Teig heben. • In das vorbereitete Muffinblech füllen und im vorgeheizten Ofen 35–40 Minuten backen. • Herausnehmen und die Muffins auf einem Kuchengitter auskühlen lassen.

Nährwerte pro Stück: 241 kcal • KH 24 g, F 14 g, EW 5 g

TIPP Wer mag, bestreicht das Banana Bread zum Schluss noch mit Ahornsirup.

Banana Bread

Ich habe schon sehr viele Rezepte für Banana Bread ausprobiert. Dieses ist eines meiner absoluten Favoriten, weil es alles hat, was ein perfektes Banana Bread braucht: Es schmeckt intensiv nach Banane, ist kein bisschen trocken, sondern schön saftig, und lässt sich auch noch wunderbar einfrieren und mitnehmen.

vegan, laktosefrei, glutenfrei

ZUBEREITUNGSZEIT
12 MINUTEN PLUS
60–65 MINUTEN BACKZEIT

Für 1 Banana Bread
100 g Buchweizenmehl
100 g glutenfreie gemahlene Haferflocken
50 g gemahlene Mandeln
2 TL Backpulver
1 TL gemahlener Zimt
4 Bananen
100 ml ungesüßter Mandeldrink
80 ml Kokosöl, geschmolzen
50 ml Ahornsirup
1 EL Mandelmus
1 TL Apfelessig
80 g Walnüsse
Außerdem
Kastenform (18 cm Länge)

Den Backofen auf 180 °C Ober-/Unterhitze vorheizen. Die Kastenform mit Backpapier auslegen. • **Buchweizenmehl, Haferflocken, Mandeln, Backpulver** und **Zimt** in eine Rührschüssel geben. • **Bananen** schälen und mit dem **Mandeldrink** im Standmixer pürieren. Alternativ dafür den Stabmixer verwenden. **Kokosöl, Ahornsirup, Mandelmus** und **Apfelessig** unterrühren, zur Mehlmischung geben und locker miteinander vermengen. Die **Walnüsse** grob hacken und bis auf 1 EL unter den Teig heben. • Den Teig in die vorbereitete Form füllen, die restlichen gehackten Walnüsse daraufstreuen und im vorgeheizten Ofen 60–65 Minuten backen. • Herausnehmen, kurz abkühlen lassen, aus der Form heben und das Banana Bread auf einem Kuchengitter vollständig auskühlen lassen.

Nährwerte pro Stück: 263 kcal • KH 26 g, F 15 g, EW 5 g

Müsliriegel

OHNE BACKEN

Diese Müsliriegel machen süchtig! Wer sie einmal probiert hat, kann mit den Zutaten experimentieren und verschiedene Nüsse und Trockenfrüchte verwenden.

vegan, laktosefrei, glutenfrei

ZUBEREITUNGSZEIT
15 MINUTEN PLUS
15 MINUTEN KÜHLZEIT

Für ca. 12 Stück
80 g getrocknete entsteinte Datteln
140 g glutenfreie zarte Haferflocken
100 g ganze Mandeln
30 g Kokosflocken
1 TL gemahlener Zimt
50 g gehackte Pistazien
4 EL Leinsamen
2 EL Chiasamen
30 g Gojibeeren
50 g gepuffte Quinoa
85 g Ahornsirup
50 g Mandelmus
1 TL Vanillemark
1 Prise Salz

Die **Datteln** im Blitzhacker fein hacken – eventuell vorher in warmem Wasser einweichen, wenn sie sehr hart sind. • **Haferflocken, Mandeln** und **Kokosflocken** in einer Pfanne ohne Fett anrösten, bis sie anfangen zu duften. Mit den Datteln in eine Rührschüssel geben. **Zimt, Pistazien, Leinsamen, Chiasamen, Gojibeeren** und **Quinoa** dazugeben und mit einer Gabel vermengen. • **Ahornsirup, Mandelmus, Vanillemark** und **Salz** in einen kleinen Topf geben und erhitzen. Zur Haferflockenmischung hinzufügen und gut vermischen, bis sich die Zutaten zu einer klebrigen Masse verbunden haben. • Die Müslimasse gleichmäßig und sehr fest in eine flache Auflaufform drücken, dabei die Form am besten vorher mit Backpapier auslegen, dann lassen sich die Riegel später leichter lösen. • Etwa 15 Minuten in den Kühlschrank oder ins Gefrierfach stellen. Dann aus der Form stürzen und in etwa zwölf gleich große Riegel schneiden.

Nährwerte pro Stück: 244 kcal • KH 21 g, F 13 g, EW 7 g

TIPP Damit die Riegel nicht auseinanderfallen, musst du sie wirklich sehr fest in die Form drücken. Ich verwende dafür gern die Unterseite eines Topfes.

Brainpower-Nuss-Cookies*
Ich liebe diese Cookies! An stressigen Tagen ersetzen zwei Cookies bei mir schon mal ein Frühstück. Bei all den guten Zutaten gar kein Problem!
Schokoladenkekse**

Brainpower-Nuss-Cookies

vegan, laktosefrei, glutenfrei

ZUBEREITUNGSZEIT 10 MINUTEN PLUS 20 MINUTEN BACKZEIT

Für ca. 15 Stück

100 g glutenfreie zarte Haferflocken
100 g Buchweizenmehl
1 EL Chiasamen
1 Prise Salz
80 g Haselnüsse
80 g Mandeln
80 g Walnüsse
50 g Rosinen (optional)
70 g Mandelmus
150 g ungesüßtes Apfelmus
½ TL Vanillemark
50 g Kokosblütenzucker

Den Backofen auf 180 °C Ober-/Unterhitze vorheizen. Ein Backblech mit Backpapier auslegen • **Haferflocken, Buchweizenmehl, Chiasamen** und **Salz** in einer großen Schüssel vermischen. • **Haselnüsse, Mandeln** und **Walnüsse** grob hacken und dazugeben. Die **Rosinen,** falls verwendet, hinzufügen. • **Mandelmus, Apfelmus, Vanillemark** und **Kokosblütenzucker** in einer Schüssel verquirlen. Zur Haferflockenmischung geben und mit einem Löffel zu einem klebrigen Teig verrühren. • Den Teig mit angefeuchteten Händen zu etwa 15 Kugeln formen, leicht flach drücken und auf das vorbereitete Backblech geben. In den vorgeheizten Ofen schieben und 20 Minuten goldbraun backen. • Herausnehmen und auf einem Kuchengitter auskühlen lassen. – Die Brainpower-Nuss-Cookies halten sich in einer luftdicht verschlossenen Dose bis zu 1 Woche.

Schokoladenkekse

vegan, laktosefrei, glutenfrei

ZUBEREITUNGSZEIT 5 MINUTEN PLUS 20 MINUTEN BACKZEIT

Für ca. 12 Stück

250 g gemahlene Mandeln
30 g Kakaopulver
1 TL Instant-Espressopulver (optional)
20 g Buchweizenmehl
1 Prise Salz
1 TL Backpulver
60 g Kokosöl
60 g Ahornsirup
½ TL Vanillemark

Den Backofen auf 180 °C Ober-/Unterhitze vorheizen. Ein Backblech mit Backpapier auslegen. • **Mandeln, Kakaopulver, Espressopulver,** falls verwendet, **Buchweizenmehl, Salz** und **Backpulver** in einer Rührschüssel vermischen. • Das **Kokosöl** mit dem **Ahornsirup** in einem kleinen Topf erwärmen. Das **Vanillemark** unterrühren und zur Mandelmischung geben. Mit dem Handrührgerät gut verrühren, bis sich die Zutaten verbunden haben. • Den Teig mit den Händen zu etwa zwölf Kugeln formen, flach drücken, auf das vorbereitete Backblech legen und im vorgeheizten Ofen 20 Minuten backen. • Herausnehmen und die Schokoladenkekse auf einem Kuchengitter abkühlen lassen.

TIPP Wenn du möchtest, dann kannst du die Kekse noch streifenweise mit etwas flüssiger veganer Bitterschokolade beträufeln.

* Nährwerte pro Stück: 212 kcal • KH 17 g, F 13 g, EW 5 g
** Nährwerte pro Stück: 197 kcal • KH 6 g, F 16 g, EW 6 g

Brombeer-Mandel-Muffins

vegetarisch, glutenfrei

ZUBEREITUNGSZEIT
15 MINUTEN PLUS
35–40 MINUTEN BACKZEIT

Für 12 Stück
130 g glutenfreie gemahlene Haferflocken
80 g gemahlene Mandeln
100 g Buchweizenmehl
2 TL Backpulver
1 TL Natron
50 g Kokosblütenzucker
Saft und abgeriebene Schale von 1 Biozitrone
180 ml Buttermilch
2 Eier (Größe M)
70 g Kokosöl, geschmolzen
200 g frische Brombeeren oder TK-Ware
2 EL gehobelte Mandeln
Außerdem
12er-Muffinblech
12 Papierbackförmchen

Den Backofen auf 180 °C Ober-/Unterhitze vorheizen. Die Mulden des Muffinblechs mit den Papierförmchen auslegen. • **Gemahlene Haferflocken, Mandeln** und **Buchweizenmehl** mit **Backpulver** und **Natron** in einer Rührschüssel vermischen. **Kokosblütenzucker** dazugeben. • **Zitronensaft, Zitronenschale, Buttermilch, Eier** und **Kokosöl** verquirlen. In die Haferflockenmischung rühren, dann vorsichtig die **Brombeeren** unterheben. • Den Teig in das vorbereitete Muffinblech füllen, mit den **gehobelten Mandeln** bestreuen und im vorgeheizten Ofen 35–40 Minuten backen, bis die Muffins goldbraun sind und kein Teig mehr an einem hineingesteckten Holzstäbchen kleben bleibt. • Herausnehmen und die Brombeer-Mandel-Muffins auf einem Kuchengitter auskühlen lassen.

Nährwerte pro Stück: 209 kcal • KH 19 g, F 12 g, EW 6 g

TIPP Muffins eignen sich perfekt zum Einfrieren. Sie können entweder eingefroren mitgenommen werden und tauen langsam bei Zimmertemperatur auf oder du backst sie im heißen Ofen etwa 10 Minuten auf.

TIPP Als Mehl nehme ich eine Mischung aus 100 g Buchweizenmehl, 100 g glutenfreien gemahlenen Haferflocken und 50 g Reismehl.

Bunter Obstkuchen

AUS ZEHN ZUTATEN

vegetarisch, glutenfrei

ZUBEREITUNGSZEIT
15 MINUTEN PLUS CA.
45 MINUTEN BACKZEIT

Für 1 Kuchen (ergibt 8 Stücke)
1 TL Kokosöl zum Einfetten
300 g gemischtes Obst der Saison (z. B. Himbeeren, Blaubeeren und Aprikosen im Sommer oder Äpfel, Pflaumen und Birnen im Herbst)
250 g glutenfreie Mehlmischung (siehe Tipp)
2 TL Backpulver
100 g gemahlene Mandeln
200 g griechischer Naturjoghurt (2 %)
100 ml ungesüßter Mandeldrink
40 g Ahornsirup
4 EL geschmolzenes Kokosöl
3 Eier (Größe M)
etwas Birken-Puderzucker zum Bestreuen (optional)
Außerdem
runde Springform (Ø 18 cm)

Den Backofen auf 180 °C Ober-/Unterhitze vorheizen. Die Springform mit dem **Kokosöl** einfetten und mit Backpapier auslegen. • Das **Obst** waschen und je nach Größe eventuell klein schneiden. • **Mehl, Backpulver** und **Mandeln** in eine Rührschüssel geben. **Joghurt, Mandeldrink, Ahornsirup** und **Kokosöl** in einer zweiten Schüssel verquirlen. • Die **Eier** trennen. Das Eiweiß steif schlagen. Das Eigelb unter die flüssigen Zutaten rühren, zur Mehlmischung geben und zu einem Teig verrühren. Dann das Eiweiß unterheben und zum Schluss das Obst vorsichtig unterheben. • Den Teig in die vorbereitete Backform geben und im vorgeheizten Ofen etwa 45 Minuten backen – mit einem Holzstäbchen testen, ob noch Teig kleben bleibt. • Herausnehmen, auskühlen lassen, den Obstkuchen aus der Form lösen und nach Belieben mit etwas **Birken-Puderzucker** bestreuen.

Nährwerte pro Kuchenstück: 319 kcal • KH 30 g, F 16 g, EW 11 g

SPONTANE *Momente* MIT FREUNDEN

Grapefruit Tea Smash

vegan, laktosefrei, glutenfrei

ZUBEREITUNGSZEIT 10 MINUTEN

Für 1 Glas
Crushed Ice
120 ml frisch gepresster Grapefruitsaft
60 ml Granatapfelsaft
1 EL Limettensaft
30 ml Sodawasser
30 ml grüner Tee
1 Zweig Rosmarin
einige Granatapfelkerne zum Dekorieren

Ein großes Glas mit **Crushed Ice** füllen. **Grapefruitsaft, Granatapfelsaft** und **Limettensaft** hineingießen. Mit **Sodawasser** und **grünem Tee** auffüllen. • Mit **Rosmarinzweig** und **Granatapfelkernen** dekorieren.

TIPP Wer mag, der feuchtet den Rand des Glases vorher etwas an und taucht ihn in Birkenzucker. Das gibt einen schönen Zuckerrand.

Matcha-Mocktail

vegetarisch, laktosefrei, glutenfrei

ZUBEREITUNGSZEIT 5 MINUTEN PLUS CA. 15 MINUTEN ABKÜHLZEIT

Für 1 Glas
1 TL Matcha
1 TL Honig
Crushed Ice
5 Minzeblätter
100 ml Apfelsaft
10 ml Limettensaft

Den **Matcha** in 100 ml heißem Wasser auflösen. Den **Honig** einrühren und erkalten lassen. • Ein Glas mit **Crushed Ice** und **Minzeblättern** füllen. Dann mit **Apfelsaft, Limettensaft** und der Matcha-Mischung aufgießen.

Erdbeer-Daiquiri

vegan, laktosefrei, glutenfrei

ZUBEREITUNGSZEIT 5 MINUTEN

Für 1 Glas
150 g TK-Erdbeeren
10 ml Limettensaft
1 EL Ahornsirup
3 Blätter Basilikum
Crushed Ice

Die **TK-Erdbeeren** mit **Limettensaft, Ahornsirup** und 50 ml Wasser im Standmixer zu einem dickflüssigen Fruchtpüree mixen. **Basilikumblätter** und **Crushed Eis** dazugeben, noch mal durchmixen, sofort in ein kaltes Glas füllen und genießen.

Matcha-Mocktail**

Grapefruit Tea Smash*

Erdbeer-Daiquiri***

* Nährwerte pro Glas: 80 kcal • KH 18 g, F 1 g, EW 1 g ** Nährwerte pro Glas: 73 kcal • KH 17 g, F 1 g, EW 1 g *** Nährwerte pro Glas: 95 kcal • KH 19 g, F 1 g, EW 1 g

Loaded Hummus

Perfekt für einen gemütlichen Abend mit Freunden! Diese köstliche Hummusplatte wird einfach in die Mitte des Tisches gestellt und jeder darf zugreifen. Wer mag, reicht meine Kräutercracker dazu.

vegetarisch, glutenfrei

ZUBEREITUNGSZEIT
15 MINUTEN

Für 4–6 Portionen

Für den Hummus
- 800 g Kichererbsen aus der Dose (Abtropfgewicht)
- 4 EL Tahini (Sesampaste)
- 2 EL Zitronensaft
- 2 TL Ras el-Hanout
- Meersalz
- frisch gemahlener schwarzer Pfeffer

Für das Topping
- 200 g entsteinte bunte Oliven in Öl
- 150 g Feta
- 200 g Cocktailtomaten
- ½ Salatgurke
- 1 Bund Koriander
- 2 EL Granatapfelkerne
- 3 EL geröstete Sesamsamen
- Saft von 1 Zitrone
- 1 EL Olivenöl

Für den Hummus die **Kichererbsen** in einem Sieb unter fließendem kaltem Wasser abspülen und abtropfen lassen. • Kichererbsen, **Tahini, Zitronensaft** und **Ras el-Hanout** mit 100 ml Wasser in den Standmixer geben und pürieren. Nach und nach so viel Wasser hinzufügen, dass der Hummus glatt püriert ist und eine cremige Konsistenz hat. Mit **Meersalz** und **Pfeffer** abschmecken. • Für das Topping die **Oliven** halbieren und den **Feta** zerkrümeln. Die **Cocktailtomaten** waschen und vierteln. Die **Gurke** waschen, längs halbieren, entkernen und in Halbmonde schneiden. Den **Koriander** hacken. • Den Hummus auf eine große Platte geben und etwas ausstreichen. Mit Oliven, Feta, Cocktailtomaten und Gurken belegen, mit Koriander, **Granatapfelkernen** und **Sesamsamen** bestreuen und zum Schluss mit **Zitronensaft** und **Olivenöl** beträufeln.

Nährwerte bei 6 Portionen pro Portion: 346 kcal • KH 18 g, F 22 g, EW 14 g

Parmesan-Pommes

MIT RUCKZUCK-KETCHUP

Diese Pommes sind jedes Mal ein absolutes Highlight! Sie sind superknusprig und durch den Parmesan werden sie besonders köstlich. Fertiger Ketchup enthält meist recht viel Zucker. Deshalb mache ich den Ketchup zu meinen Pommes selbst. Das ist ganz einfach!

vegetarisch, laktosefrei, glutenfrei

ZUBEREITUNGSZEIT
25 MINUTEN PLUS
35–40 MINUTEN BACKZEIT

Für 4–6 Portionen

Für die Pommes
1,5 kg festkochende Kartoffeln
2 EL Olivenöl
1 EL Speisestärke
50 g Parmesan, fein gerieben
grobes Meersalz

Für den Ketchup
70 g getrocknete entsteinte Datteln
1 Schalotte
1 EL Olivenöl
1 EL Tomatenmark
1 TL Senfkörner
1 TL Paprikapulver
2 EL Weißweinessig
200 g stückige Tomaten aus der Dose
Salz

Für die Pommes die **Kartoffeln** waschen und erst in etwa 1 cm dicke Scheiben und dann in Stifte schneiden. In eine große Schüssel mit kaltem Wasser geben und darin schwimmen lassen. • Währenddessen für den Ketchup die **Datteln** grob hacken. **Schalotte** schälen und hacken. Das **Olivenöl** in einem Topf erhitzen und die Schalotten darin anbraten. **Tomatenmark** dazugeben und 2 Minuten mit anrösten. Dann Datteln, **Senfkörner** und **Paprikapulver** hinzufügen und mit dem **Weißweinessig** ablöschen. **Tomaten** hineingeben und bei niedriger Hitze 5 Minuten einköcheln lassen. Mit dem Stabmixer pürieren und mit **Salz** abschmecken. Dann in eine Schale füllen und abkühlen lassen. • Den Backofen auf 220 °C Ober-/Unterhitze vorheizen. • Die Kartoffelstifte abgießen und gut trocken tupfen. Zurück in die getrocknete Schüssel geben und mit dem **Olivenöl** vermengen. Dann die **Speisestärke** darüberstreuen, den **Parmesan** dazugeben und alles gut vermischen, bis die Kartoffeln gleichmäßig mit Parmesan überzogen sind. • Auf ein Backblech geben und im vorgeheizten Ofen 35–40 Minuten kross backen. • Aus dem Ofen nehmen, die Parmesan-Pommes mit grobem **Meersalz** bestreuen und auf eine Platte geben. Dazu den Ketchup reichen.

Nährwerte bei 6 Portionen pro Portion: 321 kcal • KH 50 g, F 8 g, EW 9 g

TIPP Die Pommes werden besonders knusprig, wenn du die rohen Kartoffelsticks etwa 60 Minuten in kaltem Wasser schwimmen lässt und danach gut abtrocknest. Dadurch wird Stärke herausgespült, die sonst verhindern würde, dass die Pommes knusprig werden.

* Nährwerte für 1 großen Flammkuchen: 899 kcal • KH 144 g, F 15 g, EW 40 g
** Nährwerte für 1 großen Flammkuchen: 1.329 kcal • KH 176 g, F 39 g, EW 61 g

5-Minuten-Flammkuchenteig

vegetarisch

ZUBEREITUNGSZEIT 5 MINUTEN

Für 1 großen oder 2 kleine Flammkuchen

100 g Reismehl
100 g Vollkorn-Dinkelmehl plus etwas zum Bestreuen
1 TL Backpulver
½ TL Salz
1 EL Olivenöl
150 g Magerquark

Reismehl, Dinkelmehl, Backpulver und **Salz** in einer Rührschüssel vermischen. **Olivenöl, Quark** und 50 ml Wasser dazugeben und mit den Knethaken des Handrührgeräts zu einem glatten Teig kneten. • Einen Bogen Backpapier mit **Dinkelmehl** bestreuen und den Teig darauf zu einem großen oder zwei kleinen Flammkuchen dünn ausrollen. – Nun ist der Flammkuchenteig fertig zum Belegen.

TIPP Unten findest du ein Rezept mit einer tollen Kombination als Belag. Der Flammkuchenteig schmeckt natürlich auch mit jedem anderen Belag – ganz, worauf du Lust hast!

Flammkuchen mit Feta und Feigen

vegetarisch

ZUBEREITUNGSZEIT 10 MINUTEN PLUS 20 MINUTEN BACKZEIT

Für 1 großen oder 2 kleine Flammkuchen

1 Rezeptmenge Flammkuchenteig (siehe oben)
3 Feigen
1 rote Zwiebel
4 EL griechischer Naturjoghurt (2 %)
Salz
frisch gemahlener schwarzer Pfeffer
50 g Feta
20 g Rucola
2 EL gehobelte Mandeln

Den Backofen auf 220 °C Ober-/Unterhitze vorheizen. • Den **Flammkuchenteig** wie oben beschrieben zubereiten, ausrollen und auf ein Backblech ziehen. • Die **Feigen** waschen und in dünne Scheiben schneiden. Die **Zwiebel** schälen und in feine Ringe schneiden. • Den **Joghurt** mit **Salz** und **Pfeffer** würzen und auf dem Flammkuchenteig verteilen. Mit Zwiebeln und Feigen belegen, den **Feta** darüberbröseln und im vorgeheizten Ofen 20 Minuten knusprig backen. • Inzwischen den **Rucola** waschen und trocken schütteln. • Den Flammkuchen herausnehmen und mit Rucola und **Mandeln** bestreuen.

Süßkartoffel-Nachos

Für dieses Rezept habe ich mich vom Fast-Food-Klassiker „Nachos mit Käse“ aus der Tex-Mex-Küche inspirieren lassen. Meine Variante ist deutlich gesünder. Statt Tortilla-Chips gibt es Süßkartoffelchips, darauf kommen bunte Toppings.

vegetarisch, glutenfrei

ZUBEREITUNGSZEIT
20 MINUTEN PLUS
15–20 MINUTEN BACKZEIT

Für 4 Portionen
2 Süßkartoffeln
1 EL Olivenöl
1 TL Rauchpaprika
1 TL Reismehl
200 g schwarze Bohnen aus der Dose (Abtropfgewicht)
140 g Maiskörner aus der Dose (Abtropfgewicht)
1 rote Paprika
2 grüne Jalapeños
1 Avocado
10 g Koriander
Saft von 1 Limette
Salz
frisch gemahlener schwarzer Pfeffer
200 g griechischer Naturjoghurt (2 %)

Die **Süßkartoffeln** schälen und in dünne Scheiben schneiden oder hobeln. In eine große Schüssel mit kaltem Wasser geben und 30 Minuten wässern. • Inzwischen den Backofen auf 220 °C Ober-/Unterhitze vorheizen. Ein Backblech mit Backpapier auslegen. • Die Süßkartoffelscheiben abgießen, trocken tupfen und zurück in die abgetrocknete Schüssel geben. Dann **Olivenöl, Rauchpaprika** und **Reismehl** hinzufügen und vermengen. In einer Lage auf dem vorbereiteten Backblech verteilen und im vorgeheizten Ofen 15–20 Minuten knusprig backen. • **Bohnen** und **Mais** in ein Sieb abgießen, unter fließendem kaltem Wasser abspülen und abtropfen lassen. Die **Paprika** waschen, entkernen und in kleine Würfel schneiden. **Jalapeños** waschen, nach Belieben entkernen und in Ringe schneiden. Die **Avocado** halbieren, entkernen, das Fruchtfleisch herauslöffeln und in Scheiben schneiden. **Koriander** hacken. • Die fertig gebackenen Süßkartoffel-Nachos auf eine große Platte geben. Bohnen, Mais, Paprika, Jalapeños und Avocado darauf verteilen, alles mit **Limettensaft** beträufeln und mit **Salz** und **Pfeffer** würzen. Mit dem gehackten Koriander bestreuen und mit dem **Joghurt** servieren.

Nährwerte pro Portion: 382 kcal • KH 42 g, F 16 g, EW 10 g

TIPP Dazu passt das Rucola-Pesto vom Linsennudelsalat (siehe Seite 134) ganz hervorragend!

Feelgood-Gemüseeintopf

FÜR GROSSE RUNDEN

vegan, laktosefrei, glutenfrei

**ZUBEREITUNGSZEIT
20 MINUTEN PLUS
10 MINUTEN GARZEIT**

Für 6–8 Portionen

1 Lauchstange
1 Knoblauchzehe
2 Selleriestangen
1 Fenchelknolle
1 EL Olivenöl
1 EL Senfkörner
1 TL schwarze Pfefferkörner
150 g schnellkochender Naturreis
½ TL getrockneter Oregano
100 ml veganer Weißwein
2 l vegane Gemüsebrühe
2 Lorbeerblätter
200 g weiße Bohnen aus der Dose (Abtropfgewicht)
150 g breite grüne Bohnen
200 g Brokkoli
100 g TK-Erbsen
50 g frischer Spinat
2 Stängel Minze
2 Stängel Basilikum
Saft von ½ Limette
3 EL Weißweinessig
Salz
frisch gemahlener schwarzer Pfeffer

Lauch waschen und in Ringe schneiden. **Knoblauchzehe** schälen und fein hacken. **Selleriestangen** waschen und in Scheiben schneiden. **Fenchel** abspülen und würfeln. • Das **Olivenöl** in einem großen Topf erhitzen. Lauch und Knoblauch darin anbraten, dann **Senf-** und **Pfefferkörner** dazugeben und alles 3 Minuten anrösten. • Sellerie und Fenchel mit **Reis** und **Oregano** hinzufügen und weitere 2 Minuten anrösten. Mit dem **Weißwein** ablöschen. Mit der **Gemüsebrühe** aufgießen und die **Lorbeerblätter** hineingeben. Den Deckel aufsetzen und bei mittlerer Hitze 10 Minuten köcheln lassen. • Inzwischen die **weißen Bohnen** in ein Sieb abgießen, unter fließendem kaltem Wasser abspülen und abtropfen lassen. • Von den **breiten Bohnen** die Enden abschneiden, Bohnen waschen und in etwa 2 cm lange Stücke schneiden. Den **Brokkoli** waschen und in Röschen zerteilen. • Weiße Bohnen, breite Bohnen und Brokkoli mit den **Erbsen** in den Topf geben und nochmals 5 Minuten köcheln lassen. Inzwischen den **Spinat** waschen, unterrühren und zusammenfallen lassen. • Die **Minzeblätter** abzupfen und hacken. **Basilikum** ebenfalls hacken und beides in den Gemüseeintopf rühren. Mit **Limettensaft, Weißweinessig, Salz** und **Pfeffer** abschmecken und servieren.

Nährwerte bei 8 Portionen pro Portion: 155 kcal • KH 24 g, F 2 g, EW 7 g

Ganzer Fisch

AUS DEM OFEN

Einen ganzen Fisch zuzubereiten, ist im Grunde das Einfachste, was es gibt. Wichtig ist, dass du ihn fertig geputzt kaufst. Dann muss er nur mit aromatischen Kräutern gefüllt und in den Ofen geschoben werden. Kaum Arbeit, aber viele Komplimente von Gästen sind dir sicher!

laktosefrei, glutenfrei

ZUBEREITUNGSZEIT
15 MINUTEN PLUS CA.
40 MINUTEN BACKZEIT

Für 4 Portionen

1 EL Olivenöl
50 g Zuckerschoten
1 Fenchelknolle
1 küchenfertige Lachsforelle (1 kg)
grobes Meersalz
frisch gemahlener schwarzer Pfeffer
3 Biozitronen
3 Knoblauchzehen
je 4 Zweige Rosmarin und Thymian

Den Backofen auf 180 °C Ober-/Unterhitze vorheizen. Ein Backblech mit Backpapier auslegen und mit dem **Olivenöl** einfetten. • Die **Zuckerschoten** waschen. Den **Fenchel** waschen, in Scheiben schneiden und mit den Zuckerschoten auf dem Backblech verteilen. • Die **Lachsforelle** unter fließendem kaltem Wasser abspülen und mit Küchenpapier trocken tupfen. Auf das Backblech mit dem Gemüse legen und mit **Meersalz** und **Pfeffer** würzen. • Die **Zitronen** heiß waschen und in Scheiben schneiden. Die **Knoblauchzehen** schälen und in Scheiben schneiden. Den Fisch mit Zitronenscheiben, Knoblauch und **Kräutern** füllen, den Rest auf dem Backblech verteilen. In den vorgeheizten Ofen schieben und etwa 40 Minuten backen. • Herausnehmen, die Lachsforelle mit dem Gemüse auf einer Platte anrichten und servieren.

Nährwerte pro Portion: 362 kcal • KH 4 g, F 19 g, EW 44 g

TIPP Der Fisch ist gar, wenn sich die Rückenflosse ganz leicht abziehen lässt. Dazu schmeckt mein Kartoffelsalat (siehe Seite 122) oder der Gurken-Avocado-Salat (siehe Seite 154).

TIPP Statt Parmesan kannst du als vegane Alternative Hefeflocken verwenden.

Polenta

MIT SALBEI-PILZEN

Ich liebe Polenta, aber sie wird schnell sehr mächtig. Mein Trick: Ich rühre fein gehackten Blumenkohl unter. So wird die Polenta leichter, bleibt trotzdem cremig und versorgt uns sogar noch mit einer Portion Gemüse.

vegetarisch, laktosefrei, glutenfrei

ZUBEREITUNGSZEIT
25 MINUTEN

Für 4 Portionen

Für die Polenta

½ kleiner Blumenkohl
1 Knoblauchzehe
1 EL Olivenöl
250 ml ungesüßter Mandeldrink
200 g Minuten-Polenta
50 g Parmesan, frisch gerieben
1 Prise frisch geriebene Muskatnuss
Salz
frisch gemahlener schwarzer Pfeffer

Für die Pilze

3 Frühlingszwiebeln
500 g gemischte Pilze (z. B. Kräuterseitlinge, Champignons, Shiitake)
1 EL Olivenöl
2 EL glutenfreie Sojasauce (Tamari)
frisch gemahlener schwarzer Pfeffer
3 Stängel Salbei

Für die Polenta den **Blumenkohl** waschen, in Röschen zerteilen und im Standmixer oder portionsweise im Blitzhacker zu feinen Körnern mahlen. Die **Knoblauchzehe** schälen und fein hacken. • Das **Olivenöl** in einem großen Topf erhitzen, Blumenkohl und Knoblauch darin anschwitzen. Mit **Mandeldrink** und 400 ml Wasser aufgießen und zum Kochen bringen. Dann langsam und unter ständigem Rühren die **Polenta** einrieseln lassen. Die Hitze reduzieren und 2 Minuten köcheln lassen, dabei weiterrühren. • Den Topf vom Herd nehmen und die Polenta 5 Minuten ziehen lassen. Zum Schluss **Parmesan** und **Muskatnuss** unterrühren und mit **Salz** und **Pfeffer** würzen. Auf der Herdplatte warm halten. • Inzwischen für die Pilze die **Frühlingszwiebeln** putzen und in Ringe schneiden. **Pilze** putzen und in Scheiben oder Stücke schneiden. • Das **Olivenöl** in einer großen Pfanne erhitzen. Frühlingszwiebeln und Pilze darin 5 Minuten rundum scharf anbraten. Mit **Sojasauce** und **Pfeffer** würzen, den **Salbei** hinzufügen und nochmals durchschwenken. • Salbei-Pilze mit der Polenta servieren.

Nährwerte pro Portion: 362 kcal • KH 46 g, F 12 g, EW 16 g

Spaghetti all'arrabbiata

Die ultimative Resteverwertung am Ende der Woche. In die Sauce darf fast alles, was du im Kühlschrank findest: Tomaten, Zucchini, Möhren – immer rein damit.

vegan, laktosefrei

ZUBEREITUNGSZEIT
10 MINUTEN PLUS
10–15 MINUTEN GARZEIT

Für 2 Portionen

1 Zwiebel
1 Knoblauchzehe
30 g getrocknete Tomaten
1–2 rote Chilischoten
1 TL Olivenöl
1 EL Tomatenmark
½ TL getrockneter Oregano
50 g grüne Olivenringe
20 g Kapern
400 g stückige Tomaten aus der Dose
140 g Dinkel- oder Buchweizen-Spaghetti
einige Basilikumblätter zum Garnieren

Die **Zwiebel** schälen und würfeln. Die **Knoblauchzehe** schälen und fein hacken. Getrocknete **Tomaten** ebenfalls fein hacken. Die **Chilischote(n)** waschen und in Ringe schneiden – wer es nicht so scharf mag, entfernt die Kerne. • Das **Olivenöl** in einem Topf erhitzen. Zwiebeln, Knoblauch und **Tomatenmark** darin 3 Minuten anrösten. Dann getrocknete Tomaten und Chili mit **Oregano, Oliven** und **Kapern** dazugeben und mit anrösten. Die stückigen **Tomaten** hinzufügen und alles 10–15 Minuten schmoren. • Währenddessen die **Spaghetti** nach Packungsanleitung garen. Abgießen, zur Sauce geben und gut durchmischen. Die Spaghetti auf zwei tiefe Teller verteilen, mit **Basilikum** garnieren und servieren.

Nährwerte pro Portion: 414 kcal • KH 68 g, F 9 g, EW 13 g

TIPP Wenn du es etwas leichter möchtest, ersetze die Spaghetti einfach durch Zucchini-Spaghetti.

TIPP Dazu passt gekochte Quinoa oder gekochter Reis.

Tomaten-Kokos-Fischeintopf

laktosefrei, glutenfrei

ZUBEREITUNGSZEIT 15 MINUTEN PLUS CA. 25 MINUTEN GARZEIT

Für 4 Portionen

1 rote Zwiebel
1 Knoblauchzehe
1 rote Paprika
1 grüne Paprika
2-cm-Stück frischer Ingwer
1 rote Chilischote
1 EL Kokosöl
800 g stückige Tomaten aus der Dose
Salz
frisch gemahlener schwarzer Pfeffer
400 ml Kokosmilch
400 g gemischte Fischfilets (z. B. Kabeljau, Rotbarsch, Steinbeißer)
250 g rohe, geschälte und entdarmte Garnelen
etwas Koriander zum Garnieren
Saft von 1 Limette

Die **Zwiebel** schälen und würfeln. Die **Knoblauchzehe** schälen und grob hacken. Beide **Paprika** waschen, entkernen und in 2 cm große Stücke schneiden. Den **Ingwer** schälen und grob hacken. Die **Chilischote** waschen, entkernen und in feine Ringe schneiden. • **Kokosöl** in einem großen Topf erhitzen. Zwiebeln, Knoblauch, Paprika und Ingwer darin 5 Minuten dünsten. Chili und **Tomaten** dazugeben und 10 Minuten bei mittlerer Hitze köcheln lassen. Mit **Salz** und **Pfeffer** würzen. • Die **Kokosmilch** in den Topf geben und gut umrühren. Die **Fischfilets** in etwa 4 cm große Stücke schneiden, mit den **Garnelen** in den Topf geben und 8–10 Minuten gar ziehen lassen. • **Koriander** hacken. Den Fischeintopf mit **Limettensaft** abschmecken und mit Koriander bestreut servieren.

Nährwerte pro Portion: 420 kcal • KH 17 g, F 26 g, EW 32 g

VEGANE

Mousse au Chocolat

Als ich dieses Rezept das erste Mal probiert habe, konnte ich es nicht glauben. Mir schmeckt die vegane Mousse au Chocolat besser als jede andere. Ich würde sie nie wieder anders machen! Mittlerweile habe ich auch alle im Freundeskreis und in der Familie von dieser genialen leichteren Version der klassischen Mousse au Chocolat überzeugt.

vegan, laktosefrei, glutenfrei

ZUBEREITUNGSZEIT
15 MINUTEN PLUS
15 MINUTEN KÜHLZEIT

Für 4–6 Portionen

200 g vegane Bitterschokolade mit Kokosblütenzucker (mind. 70 % Kakaoanteil) plus einige Bitterschokospäne zum Garnieren
400 g Seidentofu
1 Prise gemahlener Zimt
1 Prise grobes Meersalz
Granatapfelkerne zum Garnieren (optional)

Die **Schokolade** grob hacken. In eine Metallschüssel geben, auf einen Topf mit leicht köchelndem Wasser setzen und langsam schmelzen. Vom Wasserbad nehmen und auf Zimmertemperatur abkühlen lassen. • Den **Seidentofu** mit dem Stabmixer pürieren, bis er ganz cremig ist und keine Stücke mehr zu sehen sind. Dann die geschmolzene Schokolade dazugießen und zu einer glatten Schokoladencreme mixen. Zum Schluss **Zimt** und **Meersalz** unterrühren. • Die Schokoladencreme auf Gläser aufteilen und mindestens 15 Minuten in den Kühlschrank stellen, damit die Mousse fest wird. • Mit **Bitterschokoladenspänen** und nach Belieben mit **Granatapfelkernen** garnieren.

Nährwerte bei 6 Portionen pro Portion: 256 kcal • KH 12 g, F 20 g, EW 5 g

TIPP Die Mousse au Chocolat schmeckt auch mit gemischten Früchten.

Banana brûlée

Wer liebt sie nicht, die knackige Zuckerschicht auf einer Créme brûlée? Dieses Dessert ist viel leichter als eine Créme brûlée und deutlich einfacher zuzubereiten. Wer mag, gibt noch eine Kugel Vanilleeis dazu. Himmlisch!

vegan, laktosefrei, glutenfrei

ZUBEREITUNGSZEIT
15 MINUTEN

Für 2 Portionen
40 g Erdnüsse
2 EL ungesüßte Erdnussbutter
4 EL Ahornsirup
1 Prise grobes Meersalz
2 Bananen
2 EL Orangenlikör
2 EL Kokosblütenzucker
1 Prise gemahlener Zimt
50 g Johannisbeeren
Außerdem
Küchenbunsenbrenner

Die **Erdnüsse** grob hacken. **Erdnussbutter, Ahornsirup** und **Meersalz** in einem kleinen Topf aufkochen. Mit etwas Wasser verdünnen, bis die Mischung die Konsistenz von Karamell hat. Beiseitestellen. • Die **Bananen** schälen, längs halbieren und mit dem **Orangenlikör** beträufeln. **Kokosblütenzucker** und **Zimt** mischen und über die Bananen streuen. Mit dem Bunsenbrenner flambieren, bis der Zucker schmilzt und eine knusprige Kruste bildet. • Die Bananen auf zwei Teller geben, mit dem Erdnusskaramell beträufeln, die gehackten Erdnüsse darüberstreuen und mit den **Johannisbeeren** garnieren.

Nährwerte pro Portion: 466 kcal • KH 59 g, F 17 g, EW 15 g

Mango-Tiramisu-Trifle

Egal, was noch zu Hause vorrätig ist: Ein Trifle lässt sich fast immer zaubern. Du brauchst nur ein paar Keks- oder Kuchenreste, etwas Joghurt oder Quark und frisches oder tiefgefrorenes Obst. Schon hast du im Nu ein köstliches Dessert.

vegetarisch, glutenfrei

ZUBEREITUNGSZEIT
15 MINUTEN

Für 4 Portionen

250 g Magerquark
3 EL Amaretto (oder Orangensaft, wenn es alkoholfrei sein soll)
3 EL Ahornsirup
300 g Naturjoghurt (3,5 %)
1 Vanilleschote
500 g frisches Mangofruchtfleisch oder TK-Ware
1 EL Zitronensaft
6 Schokoladenkekse (siehe Seite 185)
150 ml starker Espresso
einige Minzeblätter zum Garnieren

Magerquark, Amaretto, Ahornsirup und **Joghurt** cremig rühren. Das Mark der **Vanilleschote** auskratzen und unterrühren. • Das **Mangofruchtfleisch** in kleine Würfel schneiden und in einer Schüssel mit dem **Zitronensaft** vermischen. 200 g Mango mit dem Stabmixer pürieren und wieder zu den restlichen Mangowürfeln geben. • Nun etwa je 1 EL Mango in vier Gläser füllen. Drei **Schokoladenkekse** zerbröseln und eine dünne Schicht auf die Mango geben. Mit 75 ml **Espresso** beträufeln. Die Hälfte der Quarkcreme darauf verteilen. Wieder eine Schicht Mango, zwei zerbröselte **Schokoladenkekse,** restlichen **Espresso** und restliche Quarkcreme in die Gläser schichten. Mit Mango abschließen und den übrigen **Keks** darüberbröseln. Mit frischer **Minze** garnieren und genießen.

Nährwerte pro Portion: 501 kcal • KH 38 g, F 28 g, EW 20 g

TIPP Wer keinen Kaffee verwenden möchte, kann ihn einfach weglassen.

DER EINKAUFS- UND ERNÄHRUNGSASSISTENT FÜR UNSERE KOCHBÜCHER

Abschreiben oder Abfotografieren war gestern
Rezepte aus unseren Kochbüchern lassen sich kostenlos auf **www.mengenrechner.de** an die Personenzahl und individuelle Portionsgrößen anpassen und als E-Mail auf dein Smartphone schicken oder gleich dort aufrufen. Zutaten lassen sich streichen, neue Zutaten ergänzen.

Rezept- und Zutatenfilter
Suche zum Beispiel nach veganen, vegetarischen, glutenfreien, laktosefreien oder nach Rezepten mit Zutaten, die du noch vorrätig hast. Speichere Lieblingsrezepte und Einkaufslisten.

Persönlicher Ernährungsassistent
Sortiere Rezepte nach Kalorien, Kohlenhydraten, Fett- oder Eiweißgehalt. Berechne wissenschaftlich deinen täglichen Kalorienbedarf und -verbrauch. Lege Maximalwerte für Kalorien- oder Kohlenhydrataufnahme fest. Führe Tagesprotokolle mit Nährwertbilanz.

Rezeptregister

Zutatenregister

Impressum

Originalausgabe
Becker Joest Volk Verlag GmbH & Co. KG
Bahnhofsallee 5, 40721 Hilden, Deutschland

1. Auflage Dezember 2019

ISBN 978-3-95453-174-5

Autorin: Denise Renée Schuster
Foodfotografie, Foodstyling: Denise Renée Schuster
Porträts: Amanda Dahms
Projektleitung: Johanna Hänichen
Typografische Konzeption, Cover- und Buchgestaltung, Satz: Dipl.-Des. Anne Krause
Bildbearbeitung: Ellen Schlüter und Makro Chroma Joest & Volk OHG, Werbeagentur
Koordination Fachlektorat: Valerie Mayer
Fachlektorat: Şebnem Yavuz
Lektorat: Doreen Köstler
Druck: Firmengruppe Appl, aprinta druck GmbH

WWW.MENGENRECHNER.DE
kcal
UNSER KOSTENLOSER SERVICE FÜR SIE

Ausführliche Infos
Seite 218

BECKER
JOEST
VOLK
VERLAG
www.bjvv.de